Explorons *L'Étranger*
d'Albert Camus

ALSO BY BARBARA BOYER

French in a Flash: Grammar and Vocabulary Fundamentals
(McFarland, 2018)

Explorons *L'Étranger* d'Albert Camus

Édition de l'étudiant

BARBARA BOYER

McFarland & Company, Inc., Publishers

Jefferson, North Carolina

This book has undergone peer review.

LIBRARY OF CONGRESS CATALOGUING-IN-PUBLICATION DATA

Names: Boyer, Barbara, author.
Title: Explorons L'Étranger d'Albert Camus / Barbara Boyer.
Description: Édition de l'étudiant. | Jefferson, North Carolina :
McFarland & Company, Inc., Publishers, 2022 |
Includes bibliographical references.
Identifiers: LCCN 2021057481 |
ISBN 9781476685786 (paperback : acid free paper) ∞
ISBN 9781476643205 (ebook)
Subjects: LCSH: Camus, Albert, 1913–1960. Étranger. | Camus, Albert,
1913–1960—Examinations—Study guides. | BISAC: LITERARY
CRITICISM / European / French | PHILOSOPHY / General | LCGFT:
Study guides. | Literary criticism.
Classification: LCC PQ2605.A3734 E8557 2022 | DDC 843/.914—dc23/eng/20211221
LC record available at https://lccn.loc.gov/2021057481

BRITISH LIBRARY CATALOGUING DATA ARE AVAILABLE

ISBN (print) 978-1-4766-8578-6
ISBN (ebook) 978-1-4766-4320-5

Front cover: (inset) Albert Camus illustration by Naci Yavuz;
background photograph by Mikael Damkier (Shutterstock)

Printed in the United States of America

McFarland & Company, Inc., Publishers
Box 611, Jefferson, North Carolina 28640
www.mcfarlandpub.com

Acknowledgments

I would like to express my sincere gratitude to McFarland for giving me the opportunity to bring this project to life. I also would like to thank McFarland's editorial team, especially Layla Milholen and Lisa Camp for their work on the book, their precious guidance and their most valuable input.

A special appreciation goes to Charles Gil at the *Editions Gallimard* for granting me permission to use their edition of *L'Étranger* and providing me the right of quotation from Camus' novel.

This project has benefited from the immediate and most sympathetic response of all whom the editor approached. I am particularly grateful to Dr. Rose Marie Kuhn at California State University, Fresno, for her highly constructive comments and thorough care in editing and revising the manuscript. My thanks also go to Dr. Didier Bertrand at Indiana University for his critical reading and valuable examination of the manuscript. More particularly at Gonzaga University, I wish to thank my colleague Dr. Benjamin Semple for his unwavering support and encouragement for this book project. My gratitude also goes to my undergraduate students who have used my earlier drafts in their study of *L'Étranger* and helped me refine the manuscript with their suggestions over the years.

Finally, none of this would have been possible without the uplifting love of my dear Maman who has been my constant source of inspiration.

Table des matières

Note to the Student

L'Étranger (The Stranger) by Albert Camus is one of the most read twentieth-century novels. This iconic piece of French literature is studied in French-language curricula all around the world, in both high school and college programs.

Explorons* L'Étranger *d'Albert Camus is a companion guide to the study of *L'Étranger*. It is designed to address the needs of students who are non-native speakers of French, by providing tools to comprehend the novel in its original French language, strengthen analysis of its complexities, and help students communicate their insights to others. The order of the chapters in this book follows the sequence of chapters in the novel, which means that the chapter numbering of this book begins anew in each of the two parts, just as it does in the novel. Similarly, the content of the activities is linked to the context of each chapter of the novel. Biographical and historical contexts are included, as well as the outlines of Camus' philosophy in relation to the novel.

More than 200 activities are included to strengthen students' critical skills as well as their linguistic, communicative and socio-cultural competencies. Vocabulary and grammar exercises are woven together with reflective activities to help develop both language proficiency and literary analytical skills. With this companion guide, students can relate more easily to the subject matter and become more skilled readers. The activities can be done individually, in small groups, or as a class, orally and in writing. Each chapter of *Explorons* L'Étranger *d'Albert Camus* offers six different types of activities:

- **Fiche de lecture:** This one-page table of general analysis encourages students to focus on the chapter outline in terms of plot, characters, themes and narrative techniques. Attention is drawn to the way the literary style of the novel often informs its content.

- **Vocabulaire:** The vocabulary-building exercises aim at expanding students' French lexicon, without resorting to translation. Exercises include French synonyms and gap fillers that check both vocabulary and plot understanding. This section focuses on passive and active knowledge of the vocabulary, and targets words that are essential to a better understanding of each chapter.

- **Compréhension:** Students progressively transition to an active mode of understanding where they address topics that enhance their overall comprehension of the novel. This section offers different types and formats of activities at a variety of levels, from comprehension-check tasks (True/False, Multiple-Choice) and short-answer responses, to analysis questions and open-ended interpretation.

- **Discussion:** Students move to a full active mode as they engage in discussions that lead to a deeper reading of the novel. Discussion questions cover essential themes from each chapter, important character details and Camus' philosophical views. This section prepares students to participate in lively exchanges that stimulate critical and analytical reasoning. Activities include information retrieval, plot analyses and reflection questions. The focus is to help students think not only about the philosophical components of the novel but also about their implications for today's society and in our own lives. These activities can be adapted to mind mapping.

- **À vos plumes:** These fun writing activities invite students to be creative with the language and further explore some elements of each chapter. They are designed to replicate real communicative situations such as writing formal and informal letters, writing a press article or a questionnaire for an interrogation, transcribing the testimony of a person, creating the script for a role play, and organizing ideas for a debate.

- **Grammaire:** The grammar exercises offer great opportunities to review and reinforce knowledge of French grammatical structures such as adjectives, adverbs, prepositions, pronouns, tenses and modes, passive voice, etc. The content of the exercises is linked to the context of each chapter of the novel. This reinforces the new vocabulary while recapitulating for the students the main ideas present in the chapter. If the class is more literature-oriented, these grammar exercises may be omitted, or assigned as homework or extra-credit options.

Grammatical explanations are not included in *Explorons* L'Étranger *d'Albert Camus*, but each grammar exercise refers to a grammar lesson in the practical guide *French in a Flash*: *Grammar and Vocabulary Fundamentals*, written by the same author (see *Recommended Materials* below). For quick reference to grammar lessons in *French in a Flash*, the abbreviation FF is used in the tables, followed by a page number.

Recommended Materials

1. The edition of *L'Étranger* utilized to prepare this guide

Camus, Albert. *L'Étranger.* Edited by Germaine Brée.
Upper Saddle River, NJ: Prentice Hall, 1955.

This American edition of the primary French text of *L'Étranger* is the edition of reference for *Explorons* L'Étranger *d'Albert Camus*. This edition is best suited for American students because it provides a synthesized easy-to-read introduction in English, numerous footnotes and annotations in English, and a French-English glossary. If other editions are used, page numbers may vary slightly.

2. The grammar lessons

Boyer, Barbara. *French in a Flash: Grammar and Vocabulary Fundamentals.* Jefferson, North Carolina: McFarland, 2018.

This hands-on grammar and vocabulary guide is used in *Explorons* L'Étranger *d'Albert Camus* as an optional reference to additional grammar lessons. The grammar explanations and lessons in *French in a Flash* (FF) correspond to the grammar exercises in *Explorons* L'Étranger *d'Albert Camus* and complement the vocabulary and grammar skills practiced in each chapter.

Introduction

L'auteur, son temps, son œuvre, sa philosophie

1. Albert Camus

Albert Camus est un des plus importants écrivains et philosophes français. Il est né en 1913 à Mondovi en Algérie (Afrique du Nord), et il est mort en 1960 dans un accident de voiture en France.

Ses débuts

Albert Camus est né pendant la période coloniale française, à l'époque où l'Algérie était française. Ses parents descendent des premiers arrivants français en Algérie dans les années 1830. Son père Lucien est un Français qui travaille comme ouvrier viticole près d'Alger. Un an après la naissance d'Albert Camus, Lucien est tué par un éclat d'obus en combattant durant la Première Guerre mondiale. Sa mère Catherine est une Française d'origine espagnole, illettrée et presque sourde. Elle travaille dur pour élever seule Albert et son grand frère dans un quartier défavorisé d'Alger, la capitale de l'Algérie.

Malgré l'extrême pauvreté de sa famille, Albert Camus passe son baccalauréat, puis une licence de philosophie à l'Université d'Alger. Il contracte la tuberculose en 1930 à l'âge de 17 ans, ce qui met fin à son projet de carrière dans l'enseignement. La gravité de sa maladie et les attaques sévères qui l'affectent pendant de nombreuses années lui donnent une nouvelle perspective sur l'existence, et l'inéluctabilité de la mort va devenir un thème majeur de son travail. La peur de la mort et la conscience de la fragilité de la vie seront le point de départ de sa réflexion philosophique.

Sa carrière de journaliste engagé

Albert Camus écrit dans des revues estudiantines pour financer ses études. C'est le début de sa carrière de journaliste. En 1938, il travaille comme journaliste politique à *Alger Républicain*, un journal anticolonialiste. La position de Camus est difficile à comprendre parce qu'il est à la fois

1

contre le système colonial et contre l'indépendance totale de l'Algérie. Dans ses articles, il dénonce la misère des Arabes indigènes qui vivent dans des conditions d'inégalité et de grande pauvreté. Il souhaite que l'Algérie reste française, mais il lutte pour l'émancipation des musulmans.

Camus a 27 ans quand la Deuxième Guerre mondiale éclate en 1940. Il quitte l'Algérie pour des raisons politiques et se rend à Paris pour servir dans la résistance anti nazie, mais il n'est pas mobilisé à cause de sa tuberculose. Il est rédacteur en chef de *Combat*, un journal français clandestin de la résistance, et devient un journaliste militant engagé dans la lutte contre le fascisme. Membre du Parti communiste pendant deux ans (1935–37), Camus est célèbre pour son activisme, ses opinions de gauche et son pacifisme. Toute sa vie, il va chercher à se faire le porte-parole des exclus et des sans-voix.

Sa carrière littéraire

Camus a 29 ans quand *L'Étranger* paraît en 1942.[1] Ce premier roman connaît un vif succès. Il est encore aujourd'hui un des romans les plus vendus et les plus lus au monde. Au cours de sa carrière, Camus écrit non seulement des romans, mais aussi des récits, des pièces de théâtre et des essais dans lesquels il développe une philosophie humaniste. Cette philosophie repose sur la notion d'absurdité de la condition humaine et sur la révolte comme prise de conscience de cette absurdité. Camus est avant tout un écrivain préoccupé par l'homme et sa place dans le monde, la souffrance humaine et les problèmes philosophiques et moraux auxquels les individus doivent souvent faire face.

Camus reçoit le prix Nobel de littérature en 1957 pour l'ensemble de ses œuvres. Trois ans plus tard, alors âgé de 47 ans, il meurt tragiquement dans un accident de voiture près de Paris.

2. Le contexte historique

L'occupation coloniale française de l'Algérie et les guerres mondiales

En 1830, les Français envahissent l'Algérie. Les colons confisquent les terres et imposent leur propre langue et culture française, malgré la résistance continue de la population indigène locale. Aux problèmes politiques et économiques de la France métropolitaine lors de la première guerre mondiale, s'ajoutent des mouvements nationalistes algériens qui commencent à lutter pour leur indépendance contre la France. Camus naît en 1913, dans cette atmosphère de tension raciale, et passe la première moitié de sa vie dans cet environnement difficile.

---

[1] Pour une histoire généalogique de *L'Étranger*, de son intrigue en relation avec la vie de Camus et l'évolution de sa pensée à travers les années, voir l'ouvrage de Kaplan (2016). Voir aussi l'article de Germaine Brée "The Genesis of *The Stranger*" (1961).

Quand *L'Étranger* est publié en pleine deuxième guerre mondiale, l'Algérie est alors une colonie française depuis plus de cent ans. Les descendants des colons, appelés les 'Français d'Algérie' ou les 'Pieds-noirs,' représentent à cette époque environ un million de Français qui, comme Camus, sont nés en Algérie. Très attachés à leur terre natale africaine, ils vivent aux côtés des six millions d'Arabes algériens. Cette promiscuité donne parfois lieu aux tensions raciales qui sont représentées dans *L'Étranger*. Les éléments caractéristiques de l'Afrique du Nord, tels que la chaleur, le soleil et les plages, ont également une forte influence sur les événements et les personnages du roman.

Un pessimisme et un malaise causés par les événements politiques

Si l'intrigue du roman est construite autour d'un conflit racial, elle se fonde aussi sur les grands thèmes philosophiques de la condition humaine. Les positions morales et intellectuelles du travail de Camus reflètent les tendances modernes de son époque, et notamment l'idée d'incohérence d'un monde marqué par les conflits, les divisions, l'insécurité et la violence (colonialisme, holocauste, bombe atomique, etc.). Ses œuvres expriment les effets tragiques des grandes guerres mondiales et convergent autour de questions politiques et philosophiques traitant de l'aliénation humaine, de nihilisme, de l'absurdité de l'existence, et de la quête de sens dans la confusion d'un monde tourmenté.

3. La chronologie

Faits historiques	Date	Âge	Vie et œuvre de Camus
Conquête de l'Algérie par la France	1830		
	1885		Naissance du père de Camus en Algérie (d'origine alsacienne)
	1913		Naissance d'Albert Camus à Mondovi, en Algérie
Début de la 1ère Guerre mondiale	1914	1	Son père meurt dans la bataille de la Marne, en France
Fin de la 1ère guerre mondiale	1918	5	
	1930	17	Première attaque de tuberculose
	1933	20	Il étudie à l'Université d'Alger
	1935	22	Il intègre le Parti communiste
	1936	23	Il termine l'université et voyage en Europe centrale
	1937	24	Il quitte le Parti communiste et voyage en Italie
	1938	25	Il devient journaliste au journal *Alger-Républicain*

Faits historiques	Date	Âge	Vie et œuvre de Camus
Début de la 2ème Guerre mondiale	1939	26	
Invasion de la France par l'Allemagne et création du gouvernement de Vichy	1940	27	Il doit quitter l'Algérie. Il part à Paris et travaille au journal *Paris-Soir*
	1942	29	*L'Étranger* et *Le mythe de Sisyphe*
	1943	30	- Rencontre de Sartre et de Beauvoir à Saint Germain-des-prés - Il est journaliste au journal pro résistant *Combat*
Arrivée des alliés en Normandie et libération de Paris	1944	31	Il devient éditeur-en-chef de *Combat*
- Fin de la 2ème Guerre mondiale - Massacre de Sétif en Algérie	1945	32	- Visite en Algérie - Naissance de ses jumeaux (Jean et Catherine)
Résignation du Général De Gaulle	1946	33	Visite aux USA
Les communistes quittent le gouvernement français	1947	34	- Il quitte le journal *Combat* - *La Peste*
	1951	38	*L'homme Révolté*
	1952	39	Querelle avec Sartre
Début de la guerre d'Algérie	1954	41	Tournée de conférences en Europe
- Intensification des combats en Algérie (la bataille d'Alger) - Indépendance du Maroc et de la Tunisie	1956	43	- Visite à Alger pour son discours sur la "Trêve civile" - Séparation d'avec sa femme - Maladie et dépression - *La Chute*
	1957	44	- Prix Nobel de littérature - *L'Exil et le Royaume*
	1960	47	Mort d'Albert Camus dans un accident de voiture en France avec son éditeur Gallimard
Fin de la guerre d'Algérie	1962	–	

4. L'existentialisme

L'existentialisme est un courant philosophique qui se développe en Europe du Nord au XIXe siècle, et qui devient populaire en France dans les années qui suivent la Deuxième Guerre mondiale. Il apparaît en réaction contre les philosophies dominantes traditionnelles considérées comme étant trop abstraites, superficielles et éloignées de l'existence humaine. Ce courant philosophique place l'existence individuelle au cœur de sa réflexion et se base sur une pensée de l'existence dont le trait majeur serait que chacun est libre, maître de ses actes et de son destin, mais aussi responsable de ses choix. L'existence humaine est au cœur des questionnements de l'existentialisme dont certains grands thèmes incluent l'humanisme, la liberté, la responsabilité, la mortalité, la raison d'être, l'absurde, la solitude, l'angoisse, la révolte, la vérité.

En France, l'existentialisme est très à la mode entre 1945 et 1955. Dans le Paris d'après-guerre, ça devient un moyen de réaffirmer l'importance de l'individualité et de la liberté humaine. L'existentialisme devient aussi un mode de vie qui se développe sur la scène artistique et intellectuelle du quartier de Saint-Germain-des-Prés. Les principaux chefs de file français sont Albert Camus, Jean-Paul Sartre,[2] Simone de Beauvoir et Maurice Merleau-Ponty. Ils se réunissaient souvent dans les cafés de ce haut lieu parisien de la pensée existentialiste.

Des philosophes dont les idées existentialistes ont influencé Camus	
Bergson, Henri (1859–1941)	Philosophe français qui a enseigné l'intuition directe comme moyen de connaissance. Approche mystique. Importance centrale de "la perception du changement" (Wilhite 1999, 2).
Dostoievsky, Fiodor (1821–1881)	Psychologue, philosophe et romancier russe. Ses œuvres explorent la psychologie humaine dans le contexte politique, social et spirituel de la société russe du XIXe siècle.
Heidegger, Martin (1889–1976)	Philosophe allemand et un des précurseurs de l'existentialisme. Son travail met l'accent sur la nature de l'existence humaine et sur l'expérience de l'anxiété face au néant (Wilhite 1999, 2).
Jaspers, Karl (1883–1969)	Psychiatre, philosophe et existentialiste allemand. Il allie la philosophie à la politique. Son travail existentialiste porte sur le thème de la liberté individuelle et de la reconnaissance d'un pouvoir transcendantal.
Kierkegaard, Soren (1813–1855)	Philosophe danois, considéré comme le premier existentialiste. Il pense que l'individu est le seul à pouvoir donner un sens à sa vie et à pouvoir la vivre avec passion. Il propose une philosophie qui surmonte l'absurde par des pensées religieuses. Une telle procédure est inacceptable pour Camus, qui veut faire face à l'absurde (Cruickshank 1959, 59).
Nietzsche, Friedrich (1844–1900)	Philosophe allemand et existentialiste moderne le plus influent. Très malade et dépressif, il est considéré comme le père du nihilisme.[3] Il s'élève contre l'hypocrisie de la morale et contre les valeurs occidentales qu'il juge être fondées sur la haine et le fanatisme. Selon lui, il faut vivre pleinement parce que nous ne vivons qu'une seule fois. Le titre de son livre *L'Antéchrist* (1896), fait écho au terme utilisé par le juge d'instruction pour décrire Meursault dans *L'Étranger* (p 91).
Sartre, Jean Paul (1905–1980)	Ecrivain engagé français et philosophe qui a importé l'existentialisme en France. Il considère que l'être humain forme l'essence de sa vie par ses actions. Il vit en couple avec Simone de Beauvoir (1908–1986), une féministe et philosophe existentialiste française.

---

[2] Jean-Paul Sartre a écrit la plus célèbre étude critique sur le roman *"Explication de L'Étranger"* (1947).

[3] Le nihilisme est une idéologie qui rejette toute religion ou tout principe moral.

5. L'absurde et la révolte

L'absurde

L'absurdité de la condition humaine est un concept central de la philosophie existentialiste de Camus: l'être humain cherche à donner un sens au car-
actère machinal de son existence, et à sa présence sur terre qui est absurde
puisque la mort est inévitable. L'absurde naît de la tension entre la passion de
vivre et l'inéluctable mort. Il faut alors vivre pleinement le moment présent
car le présent est notre seule certitude. Pour cela, il faut refuser l'espoir d'une
vie meilleure, car l'espoir substitue l'illusion à la réalité. Camus refuse les doc-
trines et tout ce qui ne peut pas être prouvé par la raison, telle que la croyance
religieuse qui tente de donner un sens à la vie et propose l'espoir d'un au-delà.

Plusieurs éléments de la vie de Camus ont contribué au développement
de sa philosophie de l'absurde: la pauvreté et la maladie qui marquent sa jeu-
nesse, la mort de son père pendant la Première Guerre mondiale, la montée
du fascisme et les horreurs du régime nazi pendant la Deuxième Guerre
mondiale, le tout combiné à la guerre d'Algérie qui éclate en 1954. Pour
Camus, l'existence humaine n'a pas de sens. Elle est essentiellement absurde.

Le 'Cycle de l'absurde' est un terme qui désigne un ensemble de quatre œuvres écrites par Albert Camus: *L'Étranger* (roman, 1942), *Le Mythe
de Sisyphe* (essai, 1942), *Caligula* (pièce de théâtre, 1944), et *Le Malentendu*
(pièce de théâtre, 1944).

La révolte

Pour Camus, la révolte représente la confrontation perpétuelle de
l'homme avec son destin absurde et sans espoir. Vouloir donner un sens
à la vie est un réflexe face au sentiment d'absurdité du monde. L'homme
peut devenir libre et heureux en acceptant l'aspect tragique de sa condition parce que c'est la source même du bonheur. Il s'agit donc d'une révolte
philosophique positive que Camus préconise comme réaction possible face
à l'absurde. Il récuse d'autres solutions telles que le suicide ou le refuge dans
les croyances religieuses car elles consistent à fuir la réalité.

Le 'Cycle de la révolte' est un terme qui désigne un ensemble de trois
œuvres écrites par Albert Camus: *La Peste* (roman, 1947), *Les Justes* (pièce
de théâtre, 1949), et *L'Homme révolté* (essai, 1951).

6. Le résumé de *L'Étranger*

Le récit de *L'Étranger* se déroule dans la période pendant laquelle l'Algérie était un territoire français, mais nous n'avons aucune indication précise de la date. L'histoire se passe à Alger en Afrique du Nord, au bord de la

mer Méditerranée. Meursault, le personnage principal, est condamné à mort pour avoir assassiné un Arabe sur une plage près d'Alger.

Le roman est écrit dans un langage neutre, impersonnel et réaliste, ce qui permet de donner une importance primordiale aux idées. Rédigée dans un style simple, objectif et factuel, l'histoire est racontée du point de vue de Meursault.[4] Ce Français, un pied noir, est un jeune employé de bureau dans une compagnie maritime à Alger. C'est un personnage 'étrange,' insouciant et nonchalant qui vit une existence monotone limitée au déroulement mécanique de ses gestes quotidiens. Sa vie n'est déterminée par rien, sinon par la pulsion et le hasard de l'instant, et par des sensations qu'il ne cherche ni à interpréter ni à dissimuler. Ses actions sont influencées par des besoins instinctifs tels que la faim, la chaleur, l'ennui, la fatigue, le plaisir. Meursault ne porte pas de jugement de valeur, et son indifférence sert à dénoncer le conformisme social de l'époque. La transparence de sa conscience le rend anticonformiste par son attitude et ses réactions situées en dehors des normes sociales traditionnelles. Ces caractéristiques le rendent victime d'une société dans laquelle certains types de comportement ne sont pas tolérés.

Si l'absence relative d'actions dans le roman peut surprendre, les idées philosophiques de Camus résonnent fortement dans cette grande œuvre littéraire. Ce récit soulève la question fondamentale du sens de la vie, une notion centrale de la philosophie existentialiste, dont une composante majeure pour Camus repose sur le sentiment que la vie est absurde et dénuée de signification. Cette philosophie est à l'image de la vie de Meursault, ce personnage qui offre un type de comportement possible face auquel les exigences de la raison perdent toute consistance.

L'Étranger est divisé en deux parties:

La première partie du roman s'étale sur dix-huit jours et couvre six chapitres pendant lesquels nous assistons à un enterrement, une histoire d'amour et un meurtre. Les cinq premiers chapitres dépeignent l'existence quotidienne et sans relief de Meursault, un homme simple qui se comporte de manière inattendue face aux situations de la vie. Le sixième chapitre est le point culminant pendant lequel Meursault commet un crime inexpliqué.

La deuxième partie du roman s'étale sur un an et couvre les cinq derniers chapitres au cours desquels nous assistons au procès de Meursault. Ce procès recrée les mêmes dix-huit jours de la première partie, mais depuis le point de vue testimonial des différents personnages et les plaidoiries des

---

[4] Pour une étude des techniques narratives employées dans le roman et notamment sur la façon dont Meursault raconte l'histoire, voir les livres de Brian Fitch (1968) et de Uri Einsenzweig (1983).

magistrats. Ces chapitres dans la salle de tribunal montrent la tentative de porter un jugement, non seulement sur les actions de Meursault, mais également ment sur son style de vie.

Les activités de prélecture

1. Le vocabulaire pour parler d'un roman

Apprenez le vocabulaire	
À la page…	On page…
À la ligne…	On line…
Au chapitre…	In chapter…
Dans la première / deuxième partie	In the first / second part
Au début ⎫ du roman Au milieu ⎬ de l'histoire À la fin ⎭ de la page	At the beginning ⎫ of the novel In the middle ⎬ of the story At the end ⎭ of the page
L'action se déroule en Algérie	The action takes place in Algeria
L'histoire se passe…	The story takes place…
Analyser	To analyze
Un auteur	An author
Une citation	A quotation
Le comportement	The behavior
Un écrivain	A writer
Un événement	An event
Se focaliser sur	To focus on
Le héros, le protagoniste	The protagonist, the character
Une intrigue	A plot
Un narrateur	A narrator
La narration	The narrative
Se passer, avoir lieu	To take place, to happen
Le personnage principal	The main character
Un personnage secondaire	A secondary character
Un pied-noir	A French person born in Algeria
Un point de vue, une perspective	A point of view, a perspective
Le récit, l'histoire	The story, the narration
Un roman	A novel
Un romancier	A novelist
Un symbole	A symbol
Un thème	A theme
Le ton (du récit)	The tone (of the story)
D'abord, puis, ensuite, pour finir	First, then, next, finally

Premièrement, deuxièmement, etc.	First, second, etc.
Pour commencer / En conclusion	First / In conclusion
Je suis d'accord / Je ne suis pas d'accord (avec)	I agree / I disagree (with)
Je comprends / Je ne comprends pas	I understand / I do not understand
Pourriez-vous expliquer ce que vous voulez dire?	Could you further explain what you mean?
C'est incroyable! C'est curieux! Ce n'est pas bien!	This is amazing! This is strange! It is bad!

2. Les normes de la société

La classe peut être divisée en groupes. Chaque groupe écrit une liste de cinq normes, règles ou attitudes considérées importantes pour le bon fonctionnement de la vie en société. Les résultats peuvent ensuite être mis en commun avec le reste de la classe.

Faites une liste de cinq normes à suivre ou d'attitudes à avoir pour bien vivre en société (Commencez de préférence par un verbe à l'infinitif)
Ex: Obéir aux lois et ne pas être violent
–
–
–
–
–
Faites une liste de cinq conséquences si personne ne respectait ces normes (Conjuguez de préférence les verbes au conditionnel)
Ex: Ce serait l'anarchie et chacun ferait sa loi
–
–
–
–
–

3. Le titre *L'Étranger*[5]

A	**Qu'est-ce qu'un étranger?** Écrivez une liste de cinq caractéristiques spécifiques à un étranger, c'est-à-dire des traits distinctifs qui représentent typiquement une personne qui ne fait pas partie du même groupe ou du même pays que vous (utilisez de préférence le présent pour exprimer des idées générales).

Ex: Une personne qui ne parle pas la même langue

-

-

-

-

-

B	**Qu'attendez-vous d'un étranger?** Si vous rencontrez quelqu'un qui ne fait pas partie du même groupe ou du même pays que vous, quelles attitudes ou quels comportements pensez-vous que cette personne aura vis-à-vis de vous? Faites une liste de trois caractéristiques (utilisez de préférence un verbe au futur ou au futur proche pour compléter la clause "si + présent").

Ex: Si je rencontre un étranger, il va essayer de me parler

-

-

-

C	**Avez-vous déjà eu l'impression d'être un étranger?** Racontez une situation où vous vous êtes senti 'étranger' à un groupe ou à un pays. Expliquez quelles étaient les circonstances et les sentiments que vous avez ressentis (conjuguez de préférences les verbes à des temps du passé). Environ 60 mots.

Ex: C'était mon premier jour au lycée ou à l'université...

---

[5] Le titre *L'Étranger* est traduit *The Stranger* dans la version américaine et *The Outsider* dans la version britannique. 'L'étranger' peut aussi vouloir dire "abroad." Même quand elle faisait partie de la France, l'Algérie représentait 'l'étranger' pour beaucoup de Français de France, parce que c'était situé hors de la France métropolitaine.

4. Le personnage de Meursault

Imaginez qui est Meursault	
Quels sons entendez-vous dans le mot "Meursault?"	**Que pouvez-vous en déduire sur Meursault?** Imaginez le thème du roman qui correspond à chaque son que vous entendez dans 'Meursault.'

5. *Le Mythe de Sisyphe*

A. <u>Faites des recherches sur *Le Mythe de Sisyphe*</u>. Peut-on dire que la vie de Sisyphe est absurde? Expliquez pourquoi.

B. À votre avis, est-ce que la vie est parfois absurde? Donnez des exemples personnels d'aspects de votre vie que vous trouvez absurdes.

C. Que serait l'opposé d'un monde absurde?

6. L'introduction au roman

Lisez l'introduction écrite en anglais de *L'Étranger* (p 3–18),[6] puis répondez aux questions suivantes.

	Questions	Réponses
1	**Pourquoi dit-on que Camus est un pied-noir?**	
2	**Camus est issu de quel milieu social? Donnez 2 arguments.**	
3	**Quel est un des passe-temps favoris de Camus depuis qu'il est enfant? Quel est le lien de ce passe-temps avec le roman?**	
4	**De quelle maladie souffre Camus et à quel âge a-t-il commencé à être malade?**	
5	**Où est Camus quand il écrit *L'Étranger* et en quelle année le roman est-il publié?**	
6	**Comment s'appelle le journal pour lequel travaille Camus pendant la guerre, et quelle est la particularité de ce journal?**	

6. Camus, Albert. *L'Etranger*. Edited by Germaine Bree. Upper Saddle River, NJ: Prentice Hall, 1955.

7	Quelle est la position de Camus par rapport à l'indépendance de l'Algérie?	
8	Quand et comment Camus est-il mort?	
9	À part *L'Étranger*, citez deux autres œuvres écrites par Albert Camus.	
10	Où et quand se passe l'histoire de *L'Étranger*?	

Les activités au cours de la lecture

1. Les personnages

Les Français installés en Algérie française (comme Albert Camus) étaient communément appelés des 'pieds-noirs.' Dans *L'Étranger*, ils constituent un groupe clé composé de Meursault, Marie, Raymond, Masson et sa femme.

Tenez un journal	
Au cours de votre lecture, faites un portrait physique et moral des principaux personnages du roman	
Meursault	

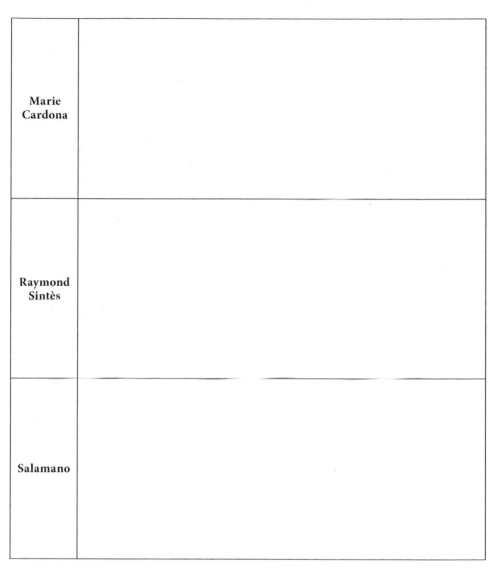

Marie Cardona	
Raymond Sintès	
Salamano	

2. Les grands thèmes de l'existentialisme

Tenez un journal

Pour plus de facilité, utilisez la section ci-dessous pour prendre des notes sur les grands thèmes que vous trouverez au cours de votre lecture de *L'Étranger*. Le fait de noter vos propres commentaires vous aidera à organiser vos idées afin de discuter de l'œuvre de manière plus efficace. Vous pourrez aussi vous référer à ce journal pour réviser vos examens ou pour écrire des essais plus consistants et mieux structurés.

L'absurde

La religion	
La révolte	
La liberté	

La recherche du bonheur	
La mort	
(autre)	

Première Partie

Chapitre 1

Fiche de lecture

Complétez le tableau ci-dessous au cours de votre lecture du chapitre	
Quels jours se passe ce chapitre?[7]	
Titre possible	
Le résumé du chapitre	
La narration du chapitre	• Qui est le narrateur? • À quelle personne est narré le récit? • Combien de points de vue y a-t-il dans l'histoire?
Le style littéraire du chapitre	• Les phrases sont-elles longues ou courtes? • Y a-t-il beaucoup de dialogues et de détails? • Y a-t-il beaucoup d'actions?

---

[7] Le récit de *L'Étranger* se déroule un peu avant la Deuxième Guerre mondiale, à une période pendant laquelle l'Algérie était un territoire français, mais il n'y a aucune indication précise de la date dans le texte. On suppose que l'histoire se passe entre 1920 et 1940.

Les spécificités du chapitre	• **Absence de sentiments:** • **Absence de communication:**
L'absurde dans ce chapitre	**Comment le thème de l'absurde reflète-t-il le style du récit?**

Vocabulaire

1. Quelques révisions

Révisez le vocabulaire du chapitre à l'aide des synonymes ou des phrases	
Un asile	Une maison de retraite pour les personnes âgées et pauvres. (autre sens: un établissement psychiatrique).
Un enterrement	Des funérailles, c'est l'action de mettre un mort en terre.
Être en deuil	C'est la tristesse causée par la mort de quelqu'un.
S'évanouir	Tomber, perdre connaissance, se trouver mal, avoir un malaise.
Fiable	Sûr, crédible, vrai, fidèle, efficace.
L'incipit	Ce sont les premières phrases d'une œuvre littéraire.
L'indifférence	Le manque d'intérêt, l'apathie. C'est l'état de quelqu'un qui est froid et neutre affectivement, qui n'a pas de préférence, à qui tout est égal.
S'intégrer	Correspondre (à), s'accorder (avec), être en harmonie (avec).
La mort	Le décès, l'extinction, la disparition.
Refléter	Exprimer.
Un sentiment	Une sensation, une impression, une émotion.
Somnoler	S'assoupir, s'endormir, sommeiller.
Une veillée funèbre	La soirée qui précède un enterrement.

2. Les synonymes

Expliquez le vocabulaire en donnant des synonymes ou des phrases en français	
S'évanouir	
Fiable	
Le goudron	
Pathétique	
Les pompes funèbres	
La sueur	
Un vieillard	

3. Exercice à trous

Trouvez les mots de vocabulaire qui manquent dans le texte
(utilisez chaque mot une seule fois, changez les conjugaisons et accords si nécessaire)

*la narration   l'enterrement   sentiment   point de vue   récit   en deuil
indifférent   la veillée funèbre   le narrateur   se passe   l'asile*

Dans le roman *L'Étranger*, Meursault est un Français qui habite à Alger. C'est lui qui vit l'histoire et qui la raconte. Les événements et les émotions sont vus et racontés par Meursault, ce qui signifie qu'il est (1) _____ principal. Il y a donc un seul (2) _____ du début à la fin du (3) _____, c'est celui de Meursault. C'est la personne la plus importante de l'histoire. Le lecteur voit ce qui (4) _____ à l'intérieur de Meursault parce que (5) _____ est à la première personne. Au début du premier chapitre, Meursault raconte qu'il est appelé à (6) _____ de Marengo, où sa mère vient de mourir. Le vendredi soir, il assiste à (7) _____, et le samedi est le jour de (8) _____. Meursault porte un brassard noir autour du bras pour indiquer qu'il est (9) _____. Cependant, il semble être assez (10) _____ au décès de sa mère car il ne semble pas éprouver de (11) _____ de tristesse. C'est bizarre, n'est-ce pas ?

Compréhension

1. Vrai ou faux

	Dites si les déclarations suivantes sont vraies (V) ou fausses (F)		
1	La mère de Meursault vient de mourir.	V	F
2	Elle habitait dans une institution pour personnes âgées.	V	F
3	L'asile de vieillards se trouve dans la ville d'Alger.	V	F
4	Meursault rendait souvent visite à sa mère.	V	F
5	Meursault va voir sa mère dès son arrivée à l'asile.	V	F
6	Meursault pleure pendant la veillée.	V	F
7	Meursault raconte ses origines parisiennes au directeur de l'asile.	V	F
8	Meursault fume des cigarettes et boit du café avec le concierge de l'asile.	V	F
9	Meursault dort pendant la veillée funèbre.	V	F
10	Thomas Perez était un ami de la mère de Meursault.	V	F
11	Meursault souffre beaucoup de la chaleur à Marengo.	V	F
12	Meursault va se promener le matin de l'enterrement.	V	F
13	Thomas Perez s'évanouit pendant l'enterrement.	V	F
14	Meursault semble très attristé par la mort de sa mère.	V	F
15	Meursault est content de rentrer chez lui à Alger après l'enterrement.	V	F

Correction des réponses fausses (F)			

2. Le bon choix

Entourez la bonne réponse	
1	**Qui est Meursault?**
a	Un Algérien qui habite à Alger.
b	Un Algérien qui habite à Marengo.
c	Un Français qui habite à Alger.
2	**Meursault et son patron.**
a	Meursault demande 2 jours à son patron qui ne lui montre aucune sympathie.
b	Meursault demande 3 jours et son patron lui présente ses condoléances.
c	Meursault demande 4 jours et son patron se moque de lui.
3	**Comment voyage-t-il à l'asile?**
a	Meursault prend le train et lit le journal.
b	Meursault prend le bus et dort.
c	Meursault prend sa voiture et pense beaucoup à sa mère.
4	**Quand Meursault arrive à l'asile, que fait-il?**
a	Il veut voir sa mère tout de suite, mais il ne peut pas. Il doit d'abord rencontrer le directeur.
b	Le concierge lui suggère de réserver une chambre à l'hôtel.
c	Avant de discuter avec le directeur, Meursault accepte d'aller voir sa mère.
5	**Qui est Thomas Pérez?**
a	Le cousin de Meursault.
b	Le concierge de l'asile.
c	Un ancien ami de sa mère.
6	**Quels étaient les personnages de l'asile présents à l'enterrement en plus de Meursault?**
a	Le directeur, l'infirmière, Thomas Pérez.
b	Le directeur, le concierge, Thomas Pérez.
c	Le directeur, le concierge, l'infirmière, les pensionnaires.
7	**Comment est l'attitude de Meursault pendant l'enterrement de sa mère?**
a	Il est très triste et il pleure souvent.
b	Il est en colère et il s'énerve beaucoup.
c	Il ne montre aucune émotion.
8	**Quelle est l'attitude de Meursault vis-à-vis des pensionnaires qui montrent de la tristesse pendant la veillée funèbre?**
a	Il s'énerve et leur demande de quitter la salle.
b	Il est gentil avec eux et partage leur peine.
c	Il reste distant et il ne sympathise avec aucun des pensionnaires.

3. Testez vos acquis

Répondez aux questions de compréhension		
A	Que Meursault demande-t-il à son patron quand il apprend le décès de sa mère? Comment le patron réagit-il?	
B	Décrivez ce qui se passe pendant le voyage de Meursault à Marengo.	
C	Que fait Meursault pendant sa nuit à Marengo? Où reste-t-il et avec qui est-il?	
D	Qui est Thomas Pérez et que lui arrive-t-il pendant l'enterrement?	
E	Quel temps fait-il pendant l'enterrement, et quelles sont les conséquences de la météo sur Meursault?	

Discussion

1. L'incipit

Analysez et commentez le premier paragraphe du roman.[8] L'histoire commence par ces quelques lignes des plus célèbres de la littérature existentialiste: « Aujourd'hui, maman est morte. Ou peut-être hier, je ne sais pas. J'ai

---

[8] Pour une étude comparative de l'incipit et de l'excipit dans *L'Étranger* de Camus, voir l'article de Mingelgrün, "De l'incipit à l'excipit, une confrontation" (1995).

reçu un télégramme de l'asile: "Mère décédée. Enterrement demain. Sentiments distingués." Cela ne veut rien dire. C'était peut-être hier » (p 21, ll 1–4).

A	**Quelles sont les caractéristiques traditionnelles de cet incipit qu'on retrouve en général dans tous les incipits?**

B	**D'après vous, qu'est-ce qui fait l'originalité de cet incipit?**

C	**Comparez les mots utilisés dans le message même du télégramme avec ceux utilisés par le narrateur lorsqu'il retransmet ce message au lecteur.** Que pensez-vous du choix des mots dans les deux messages? Quelles indications est-ce que ça donne sur la personnalité du narrateur?

Vos conclusions

2. L'importance de la traduction

Cette activité a été inspirée par l'article "Lost in Translation" de Ryan Bloom (2012). La lecture de cet article est recommandée aux étudiants, avant ou après avoir fait l'activité (au choix de l'instructeur), mais elle n'est pas nécessaire pour répondre aux questions ci-dessous.

1	Le titre du roman	L'Étranger

L'importance du choix des mots dans une traduction peut avoir de lourdes conséquences. C'est une décision qui peut influencer le lecteur et altérer son interprétation du roman, surtout s'il s'agit du titre. Celui de *L'Étranger* est traduit *The Stranger* dans la version américaine et *The Outsider* dans la version britannique. Donnez votre propre interprétation pour chacun des deux titres en anglais, et expliquez en quoi ces différentes traductions pourraient influencer votre lecture du roman.

Que pensez-vous de ces deux titres anglais? Expliquez leur différence de sens.	
The Outsider (Gilbert, UK, 1945)	
The Stranger (Laredo & Griffith, USA, 1982)	

2	La première phrase du roman	« Aujourd'hui, maman est morte »

Le roman *L'Étranger* commence par « Aujourd'hui, maman est morte. » Cette phrase est devenue tellement célèbre dans le monde entier que sa traduction en langue anglaise fait polémique car elle peut influencer notre façon de concevoir le personnage de Meursault. Alors que ce dernier sera jugé, dans la deuxième partie du roman, principalement sur les relations qu'il entretenait avec sa mère, le simple choix du mot pour traduire "maman" peut influencer toute notre perspective sur Meursault ainsi que notre interprétation du roman. Dans les quatre traductions anglaises de cette phrase présentées ci-dessous, il est intéressant de noter que la syntaxe change et "today" passe en fin de phrase. C'est un choix, questionnable, sachant que Meursault est un personnage qui vit exclusivement dans le moment présent, et pour qui le passé et le futur n'ont pas d'importance. Le fait que, dans le texte d'origine, "aujourd'hui" soit le premier mot qu'il dise et aussi le premier mot du roman donne toute son importance à l'ordre syntaxique de la phrase.

Dans le tableau ci-dessous, commentez le choix des mots anglais "mother," "mommy" ou "mom" pour traduire "maman" lorsque Meursault nous apprend sa mort. Dites aussi ce que vous pensez de l'utilisation du mot français "maman" dans la traduction anglaise. Expliquez en quoi ces différents choix de mots peuvent influencer votre première impression sur Meursault.

	Que pensez-vous de ces traductions anglaises de la première phrase du roman?
1	**Mother died today** (Gilbert, UK, 1945) (Laredo & Griffith, USA, 1982)	
2	**Maman died today** (Ward, USA, 1988)	
3	**Mom died today**	
4	**Mommy died today**	

3. Quelles sont les choses bizarres que Meursault a faites à Marengo?

Notez les actions de Meursault qui peuvent choquer la société et qui font de lui un étranger.

A	Utilisez: 'Avant de (+ infinitif)'	FF 1649

*Exemple: **Avant d'apprendre** la mort de sa mère, il ne venait pas souvent à l'asile pour lui rendre visite.*
***Avant de partir** d'Alger, il s'est excusé auprès de son patron.*

B	Utilisez: 'Après (+ infinitif passé)'

*Exemple: **Après être arrivé** à l'asile, il va parler au directeur.*
***Après avoir enterré** sa mère, il est content de retourner à Alger.*

C	Utilisez: 'L'indicatif présent' pour exprimer des généralités	FF 208-16

*Exemple: Il **fume** (p 26, l 27–p 27, l 2) et il **boit** du café (p 29, l 20; p 30, l 10).*

D	Utilisez: 'Le passé composé' pour exprimer une action	FF 227-34

*Exemple: Il **a fumé** des cigarettes (p 26, l 27–p 27, l 2).*

---

⁹ Les lettres FF sont utilisées comme abréviations de *French in a Flash*, le guide de grammaire qui contient les explications et leçons grammaticales qui correspondent aux exercices. FF est suivi des numéros de pages dans le guide de grammaire.

4. Quels sont les effets de la chaleur et de la lumière sur Meursault?

Les détails environnants:

Les effets sur Meursault:

5. Qu'avez-vous appris sur la mère de Meursault et sur ses rapports avec son fils? Citez trois exemples.

Exemple: Meursault ne connaît pas l'âge de sa mère (p 34, ll 14–15).

•

•

•

6. Quelles sont vos premières impressions sur Meursault? Dites cinq choses que vous avez apprises sur lui.

•

•

•

•

•

À *vos plumes*

À L'ASILE
(Par groupe de deux)
Imaginez un dialogue d'environ 150 mots entre Meursault et Thomas Perez. Meursault pose des questions à Perez pour mieux connaître la nature des rapports entre le vieil homme et sa mère. Utilisez le vouvoiement pendant la discussion entre les deux hommes. Votre dialogue devra être principalement au temps passé, puisque la plupart des questions portent sur les rapports entre Mr. Perez et Mme Meursault avant sa mort.
Votre dialogue (environ 150 mots)

Grammaire

1. Les adjectifs possessifs

Complétez le paragraphe en choisissant parmi les adjectifs possessifs 'Mon, ma, mes, ton, ta, tes, son, sa, ses, etc.'	FF 316-18
1	Meursault dit: « J'ai demandé deux jours de congé à _____ patron. »
2	Meursault a presque raté _____ bus pour aller à Marengo.
3	Thomas Perez a perdu _____ fidèle amie.
4	Meursault ne connaît pas l'âge de _____ mère.
5	Le patron de Meursault ne lui a pas présenté _____ condoléances.
6	Meursault demande à Emmanuel: « Est-ce que je peux emprunter _____ cravate noire et _____brassard? »
7	Le directeur de l'asile dit à Meursault: « J'ai lu le dossier de _____ mère. À l'asile, elle avait des amis de _____ âge. »
8	Meursault avoue: « J'avais chaud à cause de _____ veste à manches longues. »
9	Meursault déclare: « J'ai essuyé _____ visage, car la sueur coulait sur _____ joues. »
10	Pendant la veillée, les vieux secouaient _____ tête, « les lèvres toutes mangées par _____bouche[10] sans dents. » Les larmes coulaient dans le creux de _____ rides.

---

[10] La langue française part du principe que « les vieux » ont chacun une seule tête et une seule bouche. Les mots 'tête' et 'bouche' restent donc au singulier, alors que 'dents' et 'rides' sont au pluriel parce que 'les vieux' ont chacun plusieurs dents et plusieurs rides.

2. Les pronoms relatifs

Complétez le paragraphe suivant en choisissant parmi les pronoms relatifs: (ce) que/qu', qui, (ce) dont, où	FF 151-57

Meursault reçoit un télégramme _____ (1) lui annonce le décès de sa mère. Elle était dans un hospice _____ (2) elle vivait depuis trois ans. Afin de se rendre à l'enterrement, Meursault prend un bus pour aller à Marengo, une ville _____ (3) se situe à 80 kilomètres d'Alger. Pendant la veillée, Meursault prend un café au lait, parce que c'est une boisson _____ il (4) aime beaucoup. Mais _____ (5) il a surtout besoin, c'est de dormir parce que le voyage jusqu'à Marengo l'a fatigué. Il fume aussi une cigarette avec un homme _____ (6) est le concierge de l'asile. Cet homme, _____ (7) Meursault ne se rappelle plus le nom, est resté un moment avec Meursault dans la petite morgue _____ (8) reposait sa mère. Dans cette salle très claire, _____ (9) Meursault supporte mal est la lumière _____ (10) éblouit ses yeux.

3. Les temps du passé: passé composé, imparfait, plus-que-parfait

Conjuguez les verbes au passé composé, à l'imparfait ou au plus-que-parfait	FF 232-38

Au début du roman, Meursault _____ (1. apprendre) la mort de sa mère à l'asile de Marengo. Comme d'habitude à midi, il _____ (2. manger) chez Céleste, où tout le monde _____ (3. avoir) beaucoup de peine pour lui. Puis, Meursault _____ (4. aller) chez Emmanuel pour lui emprunter une cravate noire et un brassard, car Emmanuel _____ (5. perdre) son oncle quelques mois plus tôt. À 14 heures, Meursault _____ (6. prendre) l'autobus pour aller à Marengo. Il _____ (7. faire) très chaud dans le bus et il y _____ (8. avoir) beaucoup de monde. Quand il _____ (9. arriver), Meursault _____ (10. parler) avec le directeur des années que sa mère _____ (12. passer) à l'asile avant de mourir.

Chapitre 2

Fiche de lecture

Quand	
Titre possible	
Le résumé du chapitre	
Le style littéraire du chapitre	**Est-ce le discours direct ou indirect[11] qui est utilisé? Pourquoi?**
Les spécificités du chapitre	**• Quelle est la nature des sentiments de Meursault envers Marie?** **• Quel genre de communication y a-t-il entre Meursault et Marie?** **• Quel sentiment domine dans ce chapitre?**

---

[11] Dans le discours direct, les paroles sont rapportées directement et sont mises entre guillemets, sans être modifiées (Marie a dit: « J'aime Meursault »). Dans le discours indirect, les paroles sont rapportées indirectement, les guillemets disparaissent et les deux phrases sont combinées en une seule, en respectant la concordance des temps des verbes, des pronoms employés, etc. (Marie a dit qu'elle aimait Meursault.)

	Quels sont les éléments du chapitre qui reflètent le thème de l'absurde?
L'absurde dans ce chapitre	

Vocabulaire

1. Quelques révisions

Révisez le vocabulaire du chapitre à l'aide des synonymes ou des phrases	
Se baigner	Prendre un bain.
Une bouée	Un objet qui flotte sur l'eau, pour signaler un trajet fluvial ou permettre à une personne de ne pas couler.
Ce n'est pas de ma faute	Je ne suis pas responsable.
Commode (adj)	Pratique, approprié à l'usage qu'on veut en faire.
Une dactylo	Une secrétaire, une employée qui tape à la machine.
À l'époque	Dans le passé, avant.
Un patron	Un employeur, un directeur.
Plaisanter	S'amuser, rigoler, raconter des blagues.
Prendre un bain de soleil	(Se faire) bronzer.

2. Les synonymes

Expliquez le vocabulaire en donnant des synonymes ou des phrases en français	
Avoir de la peine	
Effleurer	
L'ennui	

S'ennuyer	
Errer	
Être à plat ventre	
La nuque	
Se raser	
Une réclame	
Reculer	

3. Exercice à trous

Trouvez les mots de vocabulaire qui manquent dans le texte
(utilisez chaque mot une seule fois,
changez les conjugaisons et accords si nécessaire)

plaisanter   se baigner   dactylo   un bain de soleil
s'ennuyer   une bouée   effleurer   à l'époque

Le samedi, Meursault va à la plage et rencontre Marie Cardona, une ancienne collègue de travail. Il y a quelques années, Marie travaillait dans la même société que Meursault. (1) _____, elle était (2) _____, c'est-à-dire une secrétaire qui tape à la machine. L'après-midi, Meursault et Marie se retrouvent donc à la plage: ils prennent (3) _____ puis, quand ils ont trop chaud, ils (4) _____ et ils nagent jusqu'à (5) _____ sur laquelle ils se reposent quelques instants. Meursault semble beaucoup aimer Marie parce qu'il aime bien (6) _____ avec elle. De temps en temps, Meursault (7) _____ doucement la peau bronzée de Marie. Le dimanche, Meursault reste seul chez lui et il (8) _____. Il se prépare un repas, puis il observe les gens dans la rue par sa fenêtre.

Compréhension

1. Vrai ou faux

Dites si les déclarations suivantes sont vraies (V) ou fausses (F)			
1	Meursault comprend la colère de son patron quand il lui demande des jours de congé pour aller à Marengo.	V	F
2	Meursault décide d'aller à la plage parce qu'il a un rendez-vous.	V	F
3	Il ne connaissait pas Marie Cardona avant de la rencontrer à la plage.	V	F
4	À la plage, Meursault souffre beaucoup de la chaleur.	V	F
5	Marie ne rigole pas souvent dans ce chapitre.	V	F
6	Marie et Meursault discutent beaucoup ensemble.	V	F
7	Meursault raconte ses souvenirs d'enfance à Marie.	V	F
8	Marie et Meursault vont au cinéma pour voir un film d'horreur.	V	F
9	Marie reste toute la nuit chez Meursault.	V	F
10	Marie passe le dimanche avec Meursault.	V	F
11	Le dimanche, Meursault reste au lit jusqu'à midi.	V	F
12	La journée de dimanche passe vite pour Meursault parce qu'il a plein de choses à faire.	V	F
13	De son appartement, Meursault peut voir les gens dans la rue.	V	F
14	Meursault passe un weekend très différent des autres weekends.	V	F
15	Pendant le weekend, Meursault pleure parce qu'il est triste que sa mère soit morte.	V	F

Correction des réponses fausses (F)		

2. Le bon choix

Entourez la bonne réponse	
1	**Dans quelles circonstances Meursault et Marie se sont-ils connus?**
a	À l'asile où vivait la mère de Meursault.
b	Ils travaillaient dans le même bureau.
c	Marie était la voisine de Meursault.
2	**Où est-ce que Meursault rencontre Marie le lendemain de l'enterrement?**
a	Chez Céleste.
b	À l'appartement de Meursault.
c	À la plage.
3	**Que font Marie et Meursault le samedi soir?**
a	Ils vont au cinéma, puis ils passent la nuit ensemble chez Meursault.
b	Ils vont diner, puis ils vont au cinéma.
c	Ils ne font rien parce que Marie est fatiguée.
4	**Qu'est-ce que Meursault fait le dimanche matin?**
a	Il prend le petit-déjeuner avec Marie.
b	Il va boire un café chez Céleste.
c	Il reste au lit et fume des cigarettes.
5	**Qu'est-ce que Meursault fait le dimanche après-midi?**
a	Il va au cimetière où sa mère est enterrée.
b	Il est déprimé et pleure tout l'après-midi dans son appartement en pensant à sa mère.
c	Il s'ennuie et regarde passer les promeneurs par la fenêtre de son appartement.

6	Quelles sont les pensées de Meursault le dimanche soir?
a	Il se sent seul à l'idée d'avoir perdu sa maman.
b	C'est toujours un dimanche de plus de passé.
c	Il est triste que le weekend soit terminé.
7	Quelle est l'attitude de Meursault vis-à-vis du décès de sa mère?
a	Il est malade de chagrin et il se sent très déprimé.
b	Il ne montre aucun sentiment de tristesse.
c	Il n'aimait pas sa mère et il est content de se sentir libre.
8	Qu'est-ce qui change dans la vie de Meursault après l'enterrement sa mère?
a	Rien ne change et il reprend son travail normalement le lendemain.
b	Il se sent plus proche des autres membres de sa famille.
c	Il devient alcoolique et boit trop de whisky.

3. Testez vos acquis

Répondez aux questions de compréhension	
A	Faites un bref résumé de la journée que Meursault et Marie passent ensemble le lendemain de l'enterrement.	
B	Comment Marie remarque-t-elle que Meursault est en deuil?	
C	Quelle est la réaction de Marie lorsque Meursault lui apprend qu'il a enterré sa mère le jour d'avant?	
D	Quand le dimanche se termine, quelles sont les réflexions de Meursault par rapport à sa vie maintenant que sa mère n'est plus là?	

Discussion

1. Écrivez une liste de ce que Meursault fait le weekend après l'enterrement de sa mère

Le samedi
•
•
•
•
•
•
Le dimanche
•
•
•
•
•
•
•
Vos conclusions

2. Qu'est-ce que vous savez sur Marie et ses rapports avec Meursault?

Vos conclusions

À *vos plumes*

UNE LETTRE À MEURSAULT	FF 190-95

(En petits groupes)

Vous êtes le père/la mère/les parents de Marie et vous écrivez une lettre à Meursault. Utilisez le vouvoiement et les mots interrogatifs ci-dessous pour poser un minimum de cinq questions à Meursault sur ses rapports avec votre fille Marie.

1	Est-ce que	
2	Quand	
3	Où	
4	Comment	
5	Qu' Que	
6	Pourquoi	
7	Combien	

8	Quel Quelle	
9		

Grammaire

1. Les prépositions et les articles

Contractez les prépositions avec les articles chaque fois que c'est nécessaire		FF 113-14
Ex	*Meursault a mangé **à/le** restaurant*	*Meursault a mangé **au** restaurant*
1	Meursault est revenu **de/l'**enterrement.	Meursault est revenu _____ enterrement.
2	Meursault passe **de/le** temps avec Marie.	Meursault passe _____ temps avec Marie.
3	Ils se sont rencontrés **à/le** travail.	Ils se sont rencontrés _____ travail.
4	Ils vont **à/la** plage ensemble.	Ils vont _____ plage ensemble.
5	Ensuite, ils nagent jusqu'**à/la** bouée.	Ensuite, ils nagent jusqu' _____ bouée.
6	Ils sont partis **de/le** quai.	Ils sont partis _____ quai.
7	Le soir, ils vont **à/le** cinéma.	Le soir, ils vont _____ cinéma.
8	Marie passe la nuit **à/l'**appartement avec lui.	Marie passe la nuit _____ appartement avec lui.
9	Ils ne sont pas allés **à/le** parc.	Ils ne sont pas allés _____ parc.
10	Le dimanche, Meursault ne parle pas **à/les** voisins.	Le dimanche, Meursault ne parle pas _____ voisins.

2. Les adjectifs qualificatifs

Répondez aux questions en donnant le genre opposé des adjectifs qualificatifs en gras (masculin/féminin)		FF 81-91
Ex	*Meursault est **grand**. Et Marie?*	*Oui, elle est **grande** aussi*
1	Marie est **belle**. Et Meursault?	Oui, il est _____ aussi.

2	Marie est **amoureuse**. Et Meursault?	Non, il n'est pas _____.
3	Meursault est **sportif**. Et Marie?	Oui, elle est _____ aussi.
4	Marie est **polie**. Et Meursault?	Oui, il est _____ aussi.
5	Meursault est **discret**. Et Marie?	Non, elle n'est pas _____.
6	Marie est **amusante**. Et Meursault?	Non, il n'est pas _____.
7	Meursault est **introverti**. Et Marie?	Non, elle n'est pas _____.
8	Marie est **jeune**. Et Meursault?	Oui, il est _____ aussi.

3. Les adverbes

Mettez les adjectifs au féminin, puis ajoutez '-ment' pour former des adverbes				
	Adjectif au masculin	Adjectif au féminin	Adverbe	FF 101-5
Ex	*lent*	*lente*	*Meursault se réveille **lentement** le dimanche*	
1	dur		Meursault travaille _____ toute la semaine.	
2	malheureux		Le patron de Meursault n'est _____ pas très compréhensif.	
3	général		Meursault va _____ se baigner le weekend.	
4	doux		Meursault pose _____ sa tête sur le ventre de Marie.	
5	rapide		Marie et Meursault sont _____ entrés dans l'eau.	
6	parfait		Marie sait _____ bien nager.	
7	facile		Meursault est _____ séduit par Marie.	
8	attentif		Marie écoute _____ Meursault.	

4. L'impératif

Réécrivez les phrases en mettant les verbes à l'impératif présent pour donner des conseils à Meursault à la manière informelle du tutoiement ('tu'), à la manière formelle du vouvoiement ('vous'), puis en vous incluant aux actions ('nous')			
FF 262-65	(tutoiement) 1ère pers. sing ('tu')	(vouvoiement) 2ème pers. pl ('vous')	(*Let's do something*) 1ère pers. pl ('nous')
Ex *Meursault va à la plage*	**Va** à la plage!	**Allez** à la plage!	**Allons** à la plage!
1 Meursault passe la journée avec Marie.			
2 Meursault se baigne dans la mer.			
3 Meursault est content.			
4 Meursault regarde un film.			
5 Meursault nage avec Marie.			
6 Meursault fait à manger le soir.			

5. Les temps du passé: passé composé, imparfait, plus-que-parfait

Conjuguez les verbes au passé composé, à l'imparfait ou au plus-que-parfait	FF 232-38

Le samedi, Meursault a eu de la peine à se lever parce qu'il _____ (1. être) encore fatigué de sa journée à Marengo. Pendant qu'il _____ (2. fumer) une cigarette, il _____ (3. décider) d'aller se baigner. Il _____ (4. prendre) le bus pour aller à la plage. Il y _____ (5. avoir) beaucoup de jeunes gens. À la plage, il _____ (6. retrouver) Marie Cardona, une ancienne amie de travail. Meursault et Marie _____ (7. passer) la journée ensemble. Avant de partir à la plage, Marie _____ (8. mettre) une robe blanche. Meursault _____ (9. trouver) Marie très belle et il _____ (10. vouloir) l'embrasser. À la plage, il y _____ (11. avoir) beaucoup de monde. L'eau _____ (12. être) chaude et Meursault et Marie _____ (13. se baigner). Après la plage, ils _____ (14. aller) au cinéma.

Chapitre 3

Fiche de lecture

Quand			
Titre possible			
Le résumé du chapitre			
	SALAMANO	RAYMOND SINTÈS	CÉLESTE
Décrivez les nouveaux personnages du chapitre			EMMANUEL

Les spécificités du chapitre	
L'absurde dans ce chapitre	**Faites un parallèle des rapports entre Salamano et son chien / Raymond et sa maîtresse.**

Vocabulaire

1. Quelques révisions

Révisez le vocabulaire du chapitre à l'aide des synonymes ou des phrases	
Battre	Frapper, donner des coups, taper fort, maltraiter.
Se battre (contre)	Se bagarrer (avec), lutter (contre).
Du boudin	Une sorte de saucisse de sang.
Une charogne	Le corps abandonné d'un animal mort et en décomposition.
Un connaissement	Un reçu de marchandises expédiées par bateau.
Une croûte	La partie extérieure de la peau qui est dure et brune à la suite d'une égratignure (souvent du sang séché).
Une dispute	Une discussion agitée, un échange de mots, une querelle.
Entretenir	Donner régulièrement de l'argent à quelqu'un pour l'aider à vivre.
La fourrière	Un lieu où la police amène les animaux errants (ou les voitures mal garées).
Gémir	Souffrir, avoir mal, se plaindre.
Une intrigue	Une action, une histoire, un scénario, un complot.
Une maîtresse	Une liaison, une concubine (autre sens: une enseignante).
Une Mauresque[12]	Une femme originaire du Maroc.
Le milieu, la pègre	Un monde de voleurs, d'escrocs, de souteneurs, de criminels.
Persécuter	Tyranniser, martyriser, oppresser, brimer.

---

[12] Le nom de 'Mauresque' ne s'utilise plus aujourd'hui. On note que dans *L'Étranger*, Camus parle toujours d'Arabe au masculin et de Mauresque au féminin. On peut se demander si c'est le signe d'une attitude misogyne de la part de la société de cette époque.

Se produire	Arriver, se passer, avoir lieu.
Punir	Sanctionner, battre, corriger, frapper, discipliner.
Un souteneur	Un proxénète, un maquereau: un homme qui gagne de l'argent grâce à la prostitution des femmes.
Un type	Un homme, un individu de sexe masculin (familier).

2. Le mot juste

Retrouvez les mots de vocabulaire à partir des synonymes proposés ci-dessus		
Ex	*Arriver, se passer, avoir lieu*	*Se produire*
1	Une femme originaire du Maroc.	
2	Donner régulièrement de l'argent à quelqu'un pour l'aider à vivre.	
3	Un homme qui gagne de l'argent grâce à la prostitution des femmes.	
4	Une discussion agitée, un échange de mots, une querelle	
5	Un reçu de marchandises expédiées par bateau.	
6	La partie extérieure de la peau qui est dure et brune après que le sang ait séché.	
7	Un mot familier pour signifier un individu de sexe masculin.	
8	Un lieu où la police amène les animaux errants (ou les voitures mal garées).	
9	Une sorte de saucisse de sang.	

Compréhension

1. Vrai ou faux

Dites si les déclarations suivantes sont vraies (V) ou fausses (F)			
1	Meursault n'a pas beaucoup de travail quand il retourne au bureau.	V	F
2	Meursault connaît l'âge exact de sa mère	V	F

3	Meursault travaille pour une compagnie de transport maritime.	V	F
4	Raymond et Salamano habitent dans le même immeuble que Meursault.	V	F
5	Salamano promène toujours son chien au même endroit depuis 8 ans.	V	F
6	Le vieux Salamano a fini par ressembler à son chien.	V	F
7	Salamano bat et insulte son chien tout le temps.	V	F
8	Raymond n'aime pas que Salamano frappe son chien	V	F
9	Raymond s'est battu avec le frère de sa maîtresse.	V	F
10	Le soir, Meursault dîne chez Raymond.	V	F
11	Raymond ne donne jamais d'argent à sa maîtresse.	V	F
12	Meursault pense aussi que la Mauresque est infidèle à Raymond.	V	F
13	Meursault ne veut pas être copain avec Raymond parce qu'il a une mauvaise réputation.	V	F
14	Meursault refuse d'aider Raymond à écrire une lettre contre sa maîtresse.	V	F
15	Raymond gagne de l'argent grâce à la prostitution des femmes.	V	F

Corrections des réponses fausses (F)			

2. Le bon choix

Entourez la bonne réponse	
1	**D'après Meursault, quel âge avait sa mère quand elle est morte?**
a	76 ans.
b	Il ne sait pas.
c	83 ans.
2	**Où est-ce que Meursault va déjeuner le lundi quand il retourne au travail?**
a	Chez Céleste.
b	À son appartement.
c	Chez Raymond.
3	**Qui est Salamano?**
a	Un voisin de Meursault.
b	Un collègue de travail de Meursault.
c	Un inconnu que Meursault rencontre dans la rue.
4	**Sur quoi sont basés les rapports entre Salamano et son chien?**
a	Sur la répétition des mêmes gestes et sur l'amour.
b	Sur l'indifférence et l'abandon.
c	Sur la répétition des mêmes gestes et sur la violence.
5	**Qui est Raymond Sintès?**
a	Un ancien ami de la mère de Meursault.
b	Un voisin de Meursault.
c	Le cousin de Meursault.
6	**Comment est Raymond physiquement?**
a	Grand et costaud.
b	Petit et costaud.
c	Petit et maigre.
7	**Quelle est la profession de Raymond?**
a	Il travaille comme magasinier dans la même société que Meursault.
b	Il dit qu'il vit des femmes, mais il est magasinier.
c	Il dit qu'il est magasinier, mais il vit des femmes.
8	**Qui écrit une lettre à la maîtresse de Raymond?**
a	Meursault.
b	Le frère de la maîtresse.
c	Salamano.

3. Testez vos acquis

Répondez aux questions de compréhension	
A	Quelle est la réaction du patron quand Meursault reprend son travail après l'enterrement de sa mère?	
B	Décrivez l'activité professionnelle de Meursault.	
C	Expliquez pourquoi Meursault pense que Salamano ressemble à son chien.	
D	Qu'est-ce qui est arrivé à Raymond juste avant qu'il invite Meursault chez lui?	

Discussion

1. Décrivez les rapports entre Salamano et son chien, et entre Raymond et sa maîtresse (La classe peut être divisée en deux groupes pour comparer ces relations).

Salamano et son chien	Raymond et sa maîtresse
1er groupe	2ème groupe
Lire p 45, l 28–p 47, l 8	Lire p 50, l 15–p 52, l 16
Que représentent ces rapports?	

2. Questions supplémentaires

1	Évaluez l'interaction entre Meursault et les autres personnages de ce chapitre: Quelle est l'attitude de Meursault vis-à-vis des autres personnes et imaginez comment les autres ressentent cette attitude?
2	Choisissez un personnage du chapitre autre que Meursault et comparez-le à Meursault. Quelles sont les similarités et les différences entre ces deux personnages?

À vos plumes

UNE LETTRE À LA MAURESQUE
(Individuellement ou en petits groupes) Rédigez une lettre d'environ 100 mots à la maîtresse de Raymond. Vous êtes Meursault et votre voisin Raymond Sintès vous parle de ses problèmes avec une femme qui était sa maîtresse. Raymond vous raconte qu'il entretenait cette femme en lui donnant de l'argent pour qu'elle puisse payer son loyer et s'acheter à manger, parce qu'elle ne voulait pas travailler. Mais Raymond a commencé à soupçonner sa maîtresse d'être infidèle, alors il l'a frappée, puis il l'a quittée. Maintenant, il vous demande d'écrire une lettre à cette femme pour la punir encore plus et lui faire regretter de l'avoir trompé. Lisez ensuite votre lettre à la classe.

Grammaire

1. Les adjectifs possessifs

	Complétez le paragraphe en choisissant entre les adjectifs possessifs 'Mon, ma, mes, ton, ta, tes, son, sa, ses, etc.'	FF 316-18
1	Salamano persécute _____ chien.	
2	Meursault et Marie ont pris _____ maillots de bain pour aller à la plage.	
3	Raymond parle de _____ problèmes avec le frère de sa maîtresse.	
4	Dans ce chapitre, l'intrigue va avoir _____ dénouement à la fin de la première partie.	

2. Les pronoms relatifs (1)

Complétez le paragraphe en choisissant entre les pronoms relatifs 'que/qu', qui'	FF 151-57

Marie est une femme _____ travaillait dans la même société que Meursault. C'est une femme _____ rigole souvent. C'est aussi une femme _____ Meursault aime bien. Mais Meursault est quelqu'un _____ ne parle pas beaucoup. Il a un voisin _____ s'appelle Salamano. Ce vieil homme a un chien _____ il bat tout le temps. Le chien de Salamano est un animal _____ a un problème de peau. Meursault a un autre voisin _____ habite dans le même immeuble que lui. Ce voisin s'appelle Raymond. C'est un homme _____ a une très mauvaise réputation, mais c'est pourtant un homme _____ Meursault admire. Meursault l'aide à écrire une lettre. C'est une lettre _____ Raymond veut écrire à sa maîtresse pour la punir car il pense qu'elle lui a été infidèle.

3. Les pronoms relatifs (2)

Répondez aux questions ci-dessous en utilisant des pronoms relatifs. FF 151–57. Écrivez:

- Une phrase avec 'qui'
- Une phrase avec 'que/qu''
- Une phrase avec 'dont'
- Une phrase avec 'ce + (qui, que/qu', dont)'

A	Quelles sont vos premières impressions sur Meursault?
	Exemple: Meursault est un homme __qui__ est bizarre
B	Quelles sont vos premières impressions sur Salamano?
C	Quelles sont vos premières impressions sur Raymond?
D	À votre avis, Salamano et Raymond sont-ils de vrais copains pour Meursault? Expliquez.

4. Le subjonctif, l'indicatif ou l'infinitif

Conjuguez les verbes au présent du subjonctif, au présent de l'indicatif, ou à l'infinitif	FF 278
1	Je pense que Salamano ne _____ pas (vouloir) être gentil avec son chien.
2	Je ne pense pas que Salamano _____ (être) très patient.
3	Je voudrais _____ (dire) à Salamano qu'il ne faut pas frapper son chien.
4	Il semble que le chien _____ (vouloir) toujours partir.

5	Je suis sûr que le chien _____ (avoir) des traces de coups.
6	Il est important que Salamano _____ (aimer) son chien.
7	Je crois que Raymond et sa maîtresse ne _____ pas (aller) rester ensemble.
8	Je suis triste que Raymond _____ (battre) une femme.
9	Je pense que Raymond ne doit pas _____ (frapper) sa maîtresse.
10	Je trouve que Raymond _____ (avoir) une attitude bizarre.

5. Les temps du passé: passé composé, imparfait, infinitif passé

Conjuguez les verbes au passé composé, à l'imparfait, ou à l'infinitif passé	FF 232-38

Le soir, après _____ (1. travailler) toute la journée, Meursault _____ (2. revenir) chez lui parce qu'il _____ (3. avoir) envie de manger des pommes de terre bouillies. En montant l'escalier, il _____ (4. voir) son voisin Salamano qui _____ (5. promener) son chien. Après _____ (6. rester) un moment avec le vieil homme, Meursault _____ (7. s'apercevoir) que ce dernier _____ (8. persécuter) son chien.

Chapitre 4

Fiche de lecture

Complétez le tableau ci-dessous au cours de votre lecture du chapitre	
Quand	
Titre possible	
Le résumé du chapitre	
Le style littéraire du chapitre	**Quel type de discours est utilisé? Le discours direct ou indirect? Que sert-il à montrer?**
L'absurde dans ce chapitre	

Vocabulaire

1. Quelques révisions

Révisez le vocabulaire du chapitre à l'aide des synonymes ou des phrases	
Un agent de police	Un policier.
Un bain de mer	Une baignade.
Un commissariat	Le lieu où sont installés les services de police.
Convoquer	Faire venir, inviter, assigner.
Une dispute	Une discussion agitée, un échange de mots, une querelle.
S'égarer	Se perdre.
Un maître	Le propriétaire d'un animal (autre sens: un enseignant).
Un maquereau	Un proxénète (autre sens: un poisson).
Un palier	Un étage, un niveau.
Pressé	Impatient, qui veut aller vite.
Le seuil	L'entrée, l'ouverture, le bord (de la porte).
Un témoignage	Une déclaration, une déposition, une allégation, une attestation (pour ou contre quelqu'un).

2. Le mot juste

Retrouvez les mots du vocabulaire à partir des synonymes proposés ci-dessus	
Ex *Se perdre*	*S'égarer*
1 Une déclaration, une déposition, une attestation.	
2 Impatient, qui veut aller vite.	
3 Une discussion agitée, une querelle.	
4 Un policier.	

3. Les synonymes

Expliquez le vocabulaire en donnant des synonymes ou des phrases en français	
Agité	
Un bordel	
Une cloison	
Crever	
Dégoûter	
L'écume	
Une gifle	
Un guignol	
Moyennant	
Pénétrer (dans)	
Recueillir	
Un roseau	

4. Exercice à trous

Trouvez les mots de vocabulaire qui manquent dans le texte (utilisez chaque mot une seule fois, changez les articles, conjugaisons et accords si nécessaire)

un palier   un commissariat   une dispute   un agent de police
témoigner   un bain de mer   le seuil   un maquereau

Le samedi, Meursault retrouve Marie. Ils vont à la plage pour prendre (1) _____. Le dimanche, Meursault entend une violente (2) _____ chez Raymond Sintès, son voisin de (3) _____. Dans le quartier, les gens pensent que Raymond est (4) _____ qui gagne de l'argent grâce aux femmes. Un peu plus tard, (5) _____ vient interroger Raymond. Raymond demande ensuite à Meursault de (6) _____ contre sa maîtresse au (7) _____ de police. En rentrant chez lui le soir, Meursault rencontre Salamano sur (8) _____ de sa porte. Le vieil homme est triste d'avoir perdu son chien.

Compréhension

1. Vrai ou faux

Dites si les déclarations suivantes sont vraies (V) ou fausses (F)			
1	Meursault n'a pas travaillé au bureau cette semaine.	V	F
2	Le samedi, Meursault et Marie retournent à la plage.	V	F
3	Le samedi soir, Meursault et Marie retournent au cinéma.	V	F
4	Marie passe la nuit du samedi au dimanche chez Meursault.	V	F
5	Meursault n'est physiquement pas attiré par Marie.	V	F
6	Le chien de Salamano a disparu.	V	F
7	Salamano a des sentiments pour son chien.	V	F
8	Trois policiers arrivent chez Raymond parce qu'il frappe sa maîtresse.	V	F
9	Raymond gifle un agent de police.	V	F
10	L'agent de police insulte Raymond.	V	F
11	Raymond est lâche devant la police.	V	F
12	Raymond et Meursault sortent ensemble le dimanche soir.	V	F
13	Raymond demande à Meursault de témoigner contre la Mauresque.	V	F
14	Meursault n'accepte pas de témoigner contre la Mauresque.	V	F
15	Salamano retrouve son chien à la fourrière.	V	F

Correction des réponses fausses (F)			

2. Le bon choix

	Entourez la bonne réponse
1	**À qui Raymond veut-il écrire une lettre?**
a	À Meursault.
b	À sa maîtresse.
c	Au frère de sa maîtresse.
2	**Où se trouve Meursault lorsqu'il entend la bagarre chez Raymond?**
a	Sur le palier avec Salamano.
b	Dans l'escalier tout seul.
c	Dans son appartement avec Marie.
3	**Comment réagit Meursault quand Marie lui demande s'il l'aime?**
a	Il admet qu'il ne l'aime pas.
b	Il ment et il dit à Marie qu'il l'aime.
c	Il avoue à Marie qu'il l'aime.
4	**Pourquoi Meursault refuse-t-il d'appeler la police quand il entend la bagarre chez Raymond?**
a	Parce que Raymond est son ami.
b	Parce que Meursault a peur d'être arrêté par la police.
c	Parce que Meursault n'aime pas la police.
5	**Que se passe-t-il chez Raymond d'après les bruits de la bagarre?**
a	Raymond se dispute avec sa maîtresse et il la frappe.
b	Raymond se bagarre avec le frère de sa maîtresse.
c	Raymond se dispute avec Salamano parce que le vieil homme frappe son chien.
6	**Que font les voisins quand ils entendent la bagarre chez Raymond?**
a	Ils restent enfermés dans leur appartement.
b	Ils se rassemblent sur le palier pour voir ce qu'il se passe.
c	Ils ont peur et sortent dans la rue.
7	**Quelle est l'attitude de Raymond lorsqu'il est giflé par le policier?**
a	Raymond gifle aussi le policier.
b	Raymond menace le policier avec un révolver.
c	Raymond est lâche et il ne fait rien.
8	**Qui accompagne Raymond au commissariat de police pour témoigner contre sa maîtresse?**
a	Meursault.
b	Personne.
c	Salamano.

3. Testez vos acquis

Répondez aux questions de compréhension	
A	De quoi est-ce que Marie et Meursault parlent pendant le deuxième weekend après l'enterrement? Quelle est la réaction de Meursault?	
B	Racontez en détails ce qui se passe chez Raymond.	
C	Après avoir témoigné pour Raymond, Meursault et Raymond sortent du commissariat. Racontez ce qu'ils font.	
D	Qui Raymond et Meursault rencontrent-ils en bas de leur immeuble en rentrant chez eux? De quoi parlent-ils?	

Discussion

1. Décrivez les rapports entre Meursault et Marie (Lire p 55, ll 2–28).

Ce chapitre se prête à une analyse comparative des relations entre les personnages.

Vos conclusions

2. Citez des exemples qui montrent que Meursault ne fait pas le rapport entre ce qu'il fait et ce qu'il pense

3. Comparez les rapports entre Raymond et sa maîtresse, et entre Raymond et l'agent de police.

Avec sa maîtresse	Avec l'agent de police
Vos conclusions	

4. Comment Salamano réagit-il à la disparition de son chien?

5. Questions supplémentaires

1	Quelle est la réaction de Meursault lorsqu'il s'aperçoit que Salamano bat son chien? Que pensez-vous de cette réaction et qu'auriez-vous fait à la place de Meursault?
2	Quelle est la réaction de Meursault lorsqu'il est chez lui avec Marie et qu'il entend Raymond battre une femme? Que pensez-vous de cette réaction et qu'auriez-vous fait à la place de Meursault?

À vos plumes

LE TÉMOIGNAGE CONTRE LA MAURESQUE

(Par groupe de deux)

Meursault doit faire une déposition contre la maîtresse de Raymond

Meursault est au commissariat de police à la demande de son voisin Raymond Sintès. Raymond veut que Meursault témoigne contre la Mauresque, mais Meursault ne connaît des faits que ce que Raymond lui a raconté. Il doit maintenant jouer de son imagination pour relater à la police ce qui s'est passé entre Raymond et sa maîtresse, et pour justifier au mieux la violence de Raymond.

Le policier est chargé de transcrire la déposition de Meursault. Utilisez le vouvoiement pour reconstituer le dialogue entre Meursault et l'agent de police. Jouez ensuite votre scène de la déposition devant la classe.

La déposition	
L'agent	*Veuillez décliner votre identité*
Meursault	*Je m'appelle Mr. Meursault*
L'agent	
Meursault	
L'agent	
Meursault	
L'agent	
Meursault	
L'agent	
Meursault	
L'agent	
Meursault	
L'agent	
Meursault	
L'agent	

Grammaire

1. Les adverbes

Mettez les adjectifs au féminin, puis ajoutez '-ment' pour former des adverbes				
	Adjectif au masculin	**Adjectif au féminin**	**Adverbe**	FF 101
Ex	*fort*	*forte*	*Marie est **fortement** attachée à Meursault*	
1	attentif		Meursault écoute _____ la déclaration d'amour de Marie.	
2	rapide		Marie est _____ tombée amoureuse de Meursault.	
3	naturel		Meursault ne parle pas très _____ _____ d'amour.	
4	parfait		Marie sait _____ que Meursault ne l'aime pas.	
5	général		Meursault est _____ indifférent aux sentiments.	
6	facile		Meursault est _____ influençable.	
7	dur		Raymond a _____ frappé sa maitresse.	
8	malheureux		Raymond est _____ violent envers les femmes.	
9	doux		Salamano pleure _____ derrière le mur.	
10	lent		Meursault s'endort _____ en pensant à sa mère.	

2. L'imparfait ou le conditionnel

Conjuguez chaque phrase avec un verbe à l'imparfait et un verbe au conditionnel:

- Dans la partie de la phrase qui commence par si/s', conjuguez le verbe à l'imparfait.
- Conjuguez le verbe au conditionnel dans l'autre partie de la phrase.

Ex	*Raymond **irait** en prison si sa maitresse **portait** (porter) plainte*	FF 223-27 FF 250
1	Salamano _____ (être) content si son chien _____ (revenir).	
2	Si Marie _____ (ne pas être) belle, Meursault _____ (ne pas l'aimer).	
3	Raymond _____ (ne pas frapper) sa maitresse s'il _____ (ne pas être) si violent.	
4	Le chien _____ (ne pas vouloir) partir si Salamano _____ (ne pas le frapper).	
5	La Mauresque _____ (ne pas rester) avec Raymond s'il _____ (ne pas lui donner) d'argent.	
6	Meursault _____ (ne pas connaitre) Salamano et Raymond s'ils _____ (ne pas habiter) sur le même palier que lui.	
7	Raymond _____ (ne pas battre) sa maitresse si elle _____ (rester) fidèle.	
8	S'il _____ (avoir) plus de caractère, Meursault _____ (refuser) de témoigner pour Raymond.	
9	Le policier _____ (ne pas gifler) Raymond, si ce _____ (ne pas être) un proxénète.	
10	Si Raymond _____ (faire) preuve de courage, il _____ _____ (répondre) au policier.	

3. Lequel, laquelle, lesquels, lesquelles

Complétez les phrases avec la forme appropriée du pronom 'lequel'	FF 155-57
1	Dans le chapitre précédent, Meursault reçoit deux offres. _____ sont-elles?	
2	Meursault connait deux de ses voisins, savez-vous _____?	
3	Salamano et Raymond sont des hommes peu recommandables. On se demande _____ est le plus violent.	
4	La personne à _____ Meursault pense le plus est Marie.	

Chapitre 5

Fiche de lecture

Quand	
Titre possible	
Le résumé du chapitre	
Le style littéraire du chapitre	**Quel type de discours est utilisé? Le discours direct ou indirect? Pourquoi?**

	Qu'est-ce qu'on apprend de nouveau sur le passé de Meursault?
Les spécificités du chapitre	
L'absurde dans ce chapitre	

Vocabulaire

1. Quelques révisions

Révisez le vocabulaire du chapitre à l'aide des synonymes ou des phrases	
Aboyer	C'est le bruit que fait le chien.
Un automate	Un robot.
Un cabanon	Une petite maison sur la plage.
Les chemins de fer	Les trains.
Cocher	Marquer d'un trait.
Une émission	Une diffusion de programmes transmis par la radio, la télévision.

Engloutir	Avaler, consommer très vite.
Épouser (quelqu'un)	Se marier (avec), s'unir (à).
Une ex	Une ancienne compagne, une ancienne petite amie.
Mécontent	Ennuyé, fâché, contrarié, qui n'est pas satisfait.
Menacé	En danger, inquiété, provoqué.
Un pourboire	Une somme d'argent donnée par un client pour un service.
Une prise de bec	Une dispute, une altercation.
Saccadé	Brusque, irrégulier, convulsif, discontinu, intermittent.
Un trottoir	La partie latérale et surélevée d'une rue, réservée à la circulation des piétons.

2. Le mot juste (1)

Retrouvez les mots du vocabulaire à partir des synonymes proposés ci-dessus	
Ex	*Ennuyé, fâché, contrarié, qui n'est pas satisfait*	*Mécontent*
1	Une somme d'argent donnée par un client pour un service.	
2	Une ancienne compagne.	
3	Se marier (avec), s'unir (à).	
4	Une petite maison sur la plage.	
5	C'est le bruit que fait le chien.	

3. Les synonymes

Expliquez le vocabulaire en donnant des synonymes ou des phrases en français	
L'addition	
Avec application	
Avertir	
Une cour	
Déplaire	
Écraser	

Empêtré	
Gêné	
Un gousset	
Grave	
De la pommade	
Répondre à côté	
Se retourner	
Se taire	

4. Le mot juste (2)

Retrouvez les mots du vocabulaire à partir des synonymes proposés ci-dessus		
Ex	*Embarrassé, contrarié, tourmenté, troublé*	*Gêné*
1	Regarder derrière soi, tourner la tête ou le corps.	
2	Rester silencieux, ne plus parler.	
3	Tuer sous le poids d'un véhicule, rouler sur.	
4	Avaler, consommer très vite.	
5	Le total, le compte, la facture.	

Compréhension

1. Vrai ou faux

Dites si les déclarations suivantes sont vraies (V) ou fausses (F)			
1	Raymond possède un cabanon sur la plage.	V	F
2	Meursault et Marie sont invités à passer le dimanche au cabanon.	V	F
3	Raymond dit à Meursault qu'il a été suivi par un groupe d'Arabes.	V	F
4	Le patron convoque Meursault pour lui dire qu'il n'est pas content parce que Meursault parle trop souvent au téléphone.	V	F

5	Le patron propose à Meursault un travail intéressant à Paris.	V	F
6	Meursault n'aime pas sa vie actuelle et accepte l'offre de son patron.	V	F
7	Meursault a vécu à Paris quand il était étudiant.	V	F
8	Marie demande à Meursault s'il veut bien l'épouser.	V	F
9	Meursault accepte d'épouser Marie car il est amoureux d'elle.	V	F
10	Pour Meursault, le mariage est une chose importante.	V	F
11	Marie ne pense pas que Meursault soit bizarre.	V	F
12	Marie a dîné chez Céleste avec Meursault.	V	F
13	Chez Céleste, Meursault voit une petite femme bizarre.	V	F
14	Salamano est allé à la fourrière, mais son chien n'y était pas.	V	F
15	Salamano aimerait adopter un autre chien.	V	F

Correction des réponses fausses (F)		

2. Le bon choix

Entourez la bonne réponse	
1	À qui appartient le cabanon sur la plage?
a	À l'ami de Meursault.
b	À l'ami de Marie.
c	À l'ami de Raymond.
2	Pourquoi Raymond est-il inquiet avant d'aller au cabanon?
a	Il ne veut pas aller au cabanon parce qu'il a un rendez-vous avec sa maîtresse.
b	Il se sent fatigué.
c	Il a été suivi par des Arabes.
3	Pourquoi Meursault refuse-t-il le travail à Paris que lui offre son employeur?
a	Il est satisfait de son travail actuel.
b	Il ne veut pas quitter Marie.
c	Il ne parle pas français.
4	Quelle est la réaction de Marie par rapport à cette offre de travail à Paris?
a	Elle ne veut pas que Meursault parte à Paris.
b	Elle ne pense pas que Meursault puisse être heureux à Paris.
c	Elle est intriguée et aimerait connaître Paris.
5	Quelle est la réaction de Meursault quand Marie lui propose de se marier?
a	Pour lui, le mariage ne signifie rien et il refuse.
b	Il est content et offre une bague de fiançailles à Marie.
c	Il accepte mais ne montre aucune émotion.
6	Pourquoi est-ce que Meursault mange à la même table que la petite femme bizarre chez Céleste?
a	La femme est une amie de son patron et Meursault l'a invitée à dîner.
b	La femme demande à Meursault si elle peut s'asseoir à sa table.
c	La femme est la sœur de Céleste.
7	Que fait la petite femme bizarre pendant le dîner chez Céleste?
a	Elle discute de Marie avec Meursault.
b	Elle coche des programmes radiophoniques dans un magazine.
c	Elle flirte avec Meursault.
8	Quelles sont les nouvelles que Salamano donne à Meursault au sujet de son chien après le dîner chez Céleste?
a	Le chien est à la fourrière.
b	Le chien est mort.
c	Le chien n'est toujours pas revenu.

3. Testez vos acquis

Répondez aux questions de compréhension	
A	Où Marie, Meursault et Raymond prévoient-ils de passer la journée du dimanche suivant?	
B	Le patron de Meursault lui fait une proposition. Quelle est cette proposition et quelle est la réaction de Meursault?	
C	Marie fait une proposition à Meursault. Quelle est cette proposition et quelle est la réaction de Meursault?	
D	Décrivez la scène chez Céleste. Qui dîne à la table de Meursault et que fait cette personne?	

Discussion

1. Parlez des deux propositions qui sont faites à Meursault

La classe peut être divisée en deux groupes, chacun des groupes discute d'une proposition, puis les deux groupes peuvent mettre leurs réponses en commun afin de comparer les propositions.

1er GROUPE Lire p 61, l 16–p 62, l 23	2ème GROUPE Lire p 62, l 24–p 63, l 22
Quelle proposition le patron fait-il à Meursault?	**Quelle proposition Marie fait-elle à Meursault?**
Quelle est l'attitude de Meursault face aux deux propositions qui lui sont faites?	
Est-ce qu'il accepte la proposition? Expliquez pourquoi.	**Est-ce qu'il accepte la proposition? Expliquez pourquoi.** **Est-ce qu'il a vraiment envie de se marier avec Marie? Pourquoi?**
Vos conclusions	

2. Pourquoi Meursault pense-t-il que la petite femme qui dîne chez Céleste est bizarre?

Lire p 64, l 6 – p 65, l 3 et trouvez des citations dans le texte
Vos conclusions

3. Utilisez l'imparfait et le passé composé pour raconter tout ce que vous savez sur la vie de Salamano et de son chien

IMPARFAIT (Descriptions / Émotions / Actions répétitives)	PASSÉ COMPOSÉ (Actions non répétitives)	FF 232-34
*Ex: Salamano **travaillait** pour les chemins de fer. Il n'**était** pas heureux avec sa femme.*	*Ex: Après la mort de sa femme, Salamano **a adopté** un chien.*	

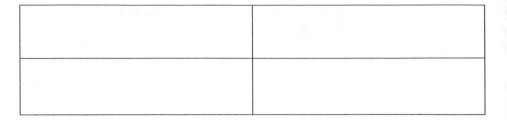

4. Questions supplémentaires

1	Voudriez-vous épouser Meursault si vous étiez Marie? Expliquez pourquoi.
2	Voudriez-vous épouser Marie si vous étiez Meursault? Expliquez pourquoi.
3	Si Meursault était votre ami, que lui diriez-vous pour le convaincre d'accepter le travail que lui propose son patron à Paris?
4	Pourquoi Meursault est-il tellement fasciné par la petite femme bizarre chez Céleste?

À vos plumes

UNE LETTRE D'AMOUR
Choisissez un des deux sujets pour écrire une lettre d'environ 150 mots (Individuellement ou en petits groupes)
Sujet 1: Meursault écrit une lettre d'amour à Marie. Vous êtes Meursault et vous écrivez une lettre d'amour à Marie pour lui expliquer votre attitude envers elle et la nature de vos sentiments. Utilisez le tutoiement pour vous adresser à Marie.
Sujet 2: Marie écrit une lettre d'amour à Meursault. Vous êtes Marie et vous êtes frustrée par l'attitude indifférente et distante de Meursault à votre égard. Au bord de la rupture, vous lui écrivez une lettre d'amour pour le faire changer de comportement. Utilisez le tutoiement pour parler de votre relation à Meursault et pour lui poser des questions sur la nature de ses sentiments.
La lettre d'amour

Grammaire

1. Les pronoms d'objet direct, indirect, y, en

	Répondez aux questions en remplaçant les mots soulignés par un pronom d'objet direct (le, la, l', les), indirect (lui, leur), y, en	FF 137
1	Est-ce que Meursault aime vraiment Marie?	
	Non, Meursault	
2	Est-ce Marie veut épouser Meursault?	
	Oui, Marie	
3	Est-ce que Meursault va passer le dimanche au cabanon de Masson?	
	Oui, Meursault	
4	Est-ce que Raymond invite Meursault et Marie au cabanon de son ami Masson?	
	Oui, Raymond	
5	Est-ce que Meursault accepte volontiers les propositions de son patron et de Marie?	
	Non, Meursault	
6	Est-ce que Meursault aimerait vivre à Paris?	
	Non, Meursault	
7	Est-ce que Salamano voudrait adopter un autre chien?	
	Non, Salamano	
8	Est-ce que la femme bizarre chez Céleste cochait des cases dans un magazine?	
	Oui, la femme bizarre chez Céleste	

2. Les temps du passé: passé composé, imparfait, plus-que-parfait, infinitif passé

Conjuguez les verbes au passé composé, à l'imparfait, au plus-que-parfait ou à l'infinitif passé	FF 232-38

Meursault _____ (1. reprendre) le travail le lundi, après _____ _____ (2. passer) le weekend avec Marie. À midi, parce qu'il _____ _____ (3. avoir) faim, il _____ (4. manger) chez Céleste. Chez Céleste, Meursault _____ _____ (5. voir) une petite femme bizarre. D'abord, elle _____ (6. s'installer) à la table où Meursault _____ (7. déjeuner). Ensuite, elle _____ _____ (8. sortir) de son sac une liste de programmes radio et elle _____ (9. annoter). Après _____ (10. finir) de manger, elle _____ (11. calculer) le prix qu'elle _____ (12. aller) payer. Cette femme _____ (13. agir) de façon très bizarre. Elle _____ (14. faire) des gestes saccadés et elle _____ (15. bouger) comme un automate. Depuis l'entrée de la femme dans le restaurant et avant même qu'elle s'assoie à sa table, Meursault _____ (16. remarquer) qu'elle _____ (17. être) bizarre. Après _____ (18. terminer) son repas, la petite femme _____ (19. se lever) et elle _____ (20. sortir). Meursault l' _____ (21. suivre) pendant un moment dans la rue.

3. Le subjonctif, l'indicatif ou l'infinitif

Conjuguez les verbes au présent du subjonctif, au présent de l'indicatif, ou à l'infinitif	FF 278
1	Raymond souhaite que Meursault _____ (venir) passer le weekend chez Masson.
2	Il est possible que Raymond _____ _____ (être) menacé par le frère de sa maitresse.
3	Le patron de Meursault aimerait qu'il _____ _____ (partir) à Paris pour travailler.
4	Meursault ne veut pas _____ _____ (partir) à Paris pour travailler.
5	Marie pense que Meursault _____ _____ (être) bizarre.
6	Meursault ne pense pas que Marie _____ _____ (être) bizarre.

Chapitre 6

Fiche de lecture

Quand	
Titre possible	
Le résumé du chapitre	
Les nouveaux personnages du chapitre	
Les spécificités du chapitre	

L'absurde dans ce chapitre	**Quel est le véritable ennemi de Meursault?** (p 78)

Vocabulaire

1. Quelques révisions

Révisez le vocabulaire du chapitre à l'aide des synonymes ou des phrases	
Accompagner	Aller avec, (re)conduire, se joindre à, escorter.
Une apogée	Un point culminant, le moment le plus important.
Aveuglé	Ébloui, qui ne peut pas voir.
Avoir lieu	Arriver, se passer, se produire.
Une bagarre	Une querelle, une altercation, une dispute, une lutte, une bataille.
Se blesser	Se faire mal, se faire une blessure.
Un cabanon	Une petite cabane, une maisonnette de plage.
S'en aller	Partir, disparaître, s'éloigner, changer de lieu.
Une épée	Un sabre, une arme faite d'une longue lame pointue.
Épouser	Se marier (à/avec), s'unir (à).
Un meurtre	Un crime, un homicide, un assassinat.
Un témoin	Un observateur, un spectateur qui a vu ou entendu quelque chose.
Tirer sur	Tuer, abattre, assassiner (avec une arme à feu).

2. Le mot juste

Retrouvez les mots du vocabulaire à partir des synonymes proposés ci-dessus		
Ex	*Se faire mal, se faire une blessure*	*Se blesser*
1	Tuer, abattre, assassiner (avec une arme à feu).	
2	Un crime, un homicide.	
3	Une querelle, une dispute, une bataille.	
4	Ébloui, qui ne peut pas voir.	
5	Arriver, se passer, se produire.	

3. Exercice à trous

Trouvez les mots de vocabulaire qui manquent dans le texte (utilisez chaque mot une seule fois, changez les conjugaisons et accords si nécessaire)
l'apogée   *un meurtre*   *aveugler*   *tirer sur*   *témoigner* *s'en aller*   *rejoindre*   *être blessé*   *une bagarre*   *un cabanon*

Quand le chapitre 6 de *L'Étranger* commence, nous apprenons que Meursault est allé au commissariat le jour d'avant pour (1) _____ contre l'ex de Raymond. Ensuite, Marie a passé la nuit chez Meursault. Quand ils se réveillent, Marie et Meursault se préparent pour aller rejoindre des amis de Raymond qui possèdent (2) _____ sur une plage dans la banlieue d'Alger. Dès le matin, Meursault (3) _____ par le soleil. Ceci présage le moment le plus important du récit qui est appelé (4) _____ de l'histoire. Après (5) _____ Masson, les trois hommes vont se promener sur la plage. Au bout d'un certain temps, Masson, Raymond et Meursault rencontrent deux Arabes et (6) _____ éclate. Raymond (7) _____ au bras et au visage, puis les trois hommes retournent au cabanon. Plus tard dans l'après-midi, Meursault (8) _____ tout seul pour se promener au bord de la mer. Ébloui par le soleil, Meursault sort un révolver de sa poche et (9) _____ l'Arabe. Meursault vient de commettre (10) _____!

4. Les synonymes

Expliquez le vocabulaire en donnant des synonymes en français	
Avoir de la peine à	
Un canotier	
Faire mine de	
La figure	
Haleter	
Une persienne	
Un soulier	
La veille	

Compréhension

1. Vrai ou faux

Dites si les déclarations suivantes sont vraies (V) ou fausses (F)			
1	Masson et sa femme sont les amis de Marie.	V	F
2	Masson est Algérien mais sa femme est Parisienne.	V	F
3	Masson et sa femme possèdent une résidence secondaire à la plage.	V	F
4	Masson et sa femme ne sont pas de la même classe sociale que Meursault et Marie.	V	F
5	Après le déjeuner, les hommes et les femmes partent se promener.	V	F
6	Les hommes rencontrent deux Arabes sur la plage.	V	F
7	Un des deux Arabes est le frère de l'ex-maîtresse de Raymond.	V	F
8	Masson est blessé dans une bagarre contre les Arabes.	V	F
9	Meursault emprunte le révolver de Raymond.	V	F
10	Meursault retourne tout seul sur la plage.	V	F
11	Meursault tue un Arabe avec un couteau.	V	F
12	Meursault tue en état de légitime défense.	V	F
13	Meursault ne se bat pas avec l'Arabe.	V	F
14	Meursault tue l'Arabe à cause du soleil.	V	F
15	Le chapitre 6 est le plus long de la première partie.	V	F

Correction des réponses fausses (F)		

2. Le bon choix

Entourez la bonne réponse	
1	**Comment se sent Meursault avant de partir chez Masson le dimanche matin?**
a	En pleine forme.
b	Content.
c	Pas bien.
2	**Quel moyen de transport est-ce que Meursault, Marie et Raymond utilisent pour aller au cabanon de Masson?**
a	Le bus.
b	Le train.
c	La voiture.
3	**Pendant que Mme Masson rit avec Marie, à quoi est-ce que pense Meursault?**
a	Il veut retourner à Alger.
b	Il veut épouser Marie.
c	Il ne veut plus voir Marie.
4	**Qu'est-ce que Marie et Mme Masson font pendant que les hommes partent se promener sur la plage, après le repas de midi?**
a	Elles font la vaisselle.
b	Elles font la sieste.
c	Elles vont se baigner.
5	**Que se passe-t-il quand les hommes rencontrent les deux Arabes sur la plage?**
a	Ils discutent ensemble.
b	Rien, les Arabes s'en vont.
c	Ils se battent.
6	**Que fait Meursault pendant que Masson amène Raymond se faire soigner?**
a	Il raconte aux femmes ce qui s'est passé avec les Arabes.
b	Il reste avec Raymond et Masson.
c	Il fait la sieste au cabanon.
7	**Que se passe-t-il quand Meursault retourne à la plage avec Raymond et qu'ils rencontrent les Arabes pour la deuxième fois?**
a	Ils décident de se baigner.
b	Raymond se bat encore avec l'Arabe.
c	Rien, les Arabes s'en vont et Meursault et Raymond retournent au cabanon.
8	**Quand Meursault retourne à la source, combien de fois tire-t-il sur l'Arabe?**
a	0
b	1
c	5

3. Testez vos acquis

	Répondez aux questions de compréhension	
A	Expliquez comment Meursault se sent le dimanche matin, avant de partir à la plage avec Marie et Raymond.	
B	Après être arrivés au cabanon, que font Meursault et Marie pendant toute la matinée?	
C	Pourquoi Meursault ne retourne-t-il pas au cabanon avec Raymond après être allé à la plage pour la deuxième fois?	
D	Que se passe-t-il juste avant que Meursault tire sur l'Arabe?	

Discussion

1. Analysez et expliquez l'importance de cette phrase:

« C'était le même soleil que le jour où j'avais enterré maman » (p 79, ll 18–19)

2. Quelle est l'importance de la nature et du soleil dans la scène du meurtre de l'Arabe? (Lire pp 77–78).

Une suggestion avant de faire cette activité est de montrer la scène du meurtre dans le film *L'Étranger*, réalisé en 1967 par Luchino Visconti. L'intégralité du film est disponible en 11 segments sur YouTube. La scène du meurtre figure dans le segment 6.

	Questions	Réponses
A	Quels sont les éléments de la nature que Meursault décrit?	
B	Citez des passages du texte qui prouvent que la nature est 'personnalisée,' c'est-à-dire que l'auteur lui donne des attributs humains (p 77, l 27 – p 78, l 10)	

C	Quels sont les mots qui montrent que le soleil est le véritable ennemi de Meursault? (p 78, ll 1–10)	
D	Est-ce que Meursault peut échapper au soleil? Expliquez.	

Vos conclusions

3. Questions supplémentaires

1	Que se passe-t-il quand les trois amis rencontrent les deux Arabes sur la plage?
2	Décrivez la scène du meurtre de l'Arabe.
3	Pourquoi est-ce que Meursault tire sur l'Arabe? Avait-il l'intention de le tuer? Est-ce que Meursault a tué en état de légitime défense? Est-ce que le meurtre était prémédité?
4	À votre avis, pourquoi Meursault a-t-il « détruit l'équilibre du jour » (p 80, l 23)?
5	Est-ce qu'il y a, selon vous, des choses qui sont absurdes dans votre vie? Lesquelles et pourquoi? Donnez des exemples précis.
6	Pensez-vous pouvoir changer ou contrôler votre propre destinée?

À vos plumes

(1) EN CHANSON
Lisez sur internet le texte de la chanson du groupe de rock anglais The Cure, qui s'est inspiré du roman *L'Étranger* de Camus pour écrire la chanson *Killing an Arab* en 1980.

	The Cure *Killing an Arab* (1980)	
1	Racontez ce qui se passe dans la chanson: qui sont les personnages et que font-ils?	
2	Dégagez les similitudes et les différences entre cette chanson et la scène du meurtre dans le roman de Camus.	
3	Qui est l'étranger dans la chanson et dans le roman d'après vous?	
4	Pourquoi l'homme de la chanson tue-t-il l'Arabe? Connaît-on la raison du crime?	
5	Analysez l'interaction entre l'homme de la chanson et l'Arabe. Que regarde l'homme de la chanson? Trouvez-vous des correspondances avec le roman?	
6	Pourquoi l'homme de la chanson dit-il: « I'm alive, I'm dead, I'm the stranger »?	

Quelques faits sur la chanson

- Cette chanson est le premier 'single' du goupe The Cure. Elle a été incluse dans leur premier album *Boys don't cry*. Le titre de cet album fait penser à Meursault qui ne pleure pas et ne montre jamais de sentiment.
- Robert Smith, le chanteur et compositeur de la chanson, a dit: « This song was a short poetic attempt at condensing my impression of the key moments in *The Stranger* by Albert Camus » (Cure News number 11, October 1991).
- Le titre *Killing an Arab* a provoqué une controverse pour sa connotation raciste qui semble promouvoir la violence contre les Arabes.
- The Cure relance la chanson en 2005, mais change le titre en *Kissing an Arab*.

---

(2) LA SCÈNE DU MEURTRE

(Par groupes de six ou sept)

Les étudiants mettent en scène les événements de la journée à la plage qui aboutissent au meurtre de l'Arabe. Chaque groupe peut suivre toutes les étapes suggérées ci-dessous ou jouer seulement quelques-unes des scènes, au choix de l'instructeur.

1) Raymond, Marie et Meursault partent rejoindre un couple d'amis à leur cabanon.

2) Masson, Raymond et Meursault se promènent sur la plage et se battent avec des Arabes. Raymond est blessé et donne son révolver à Meursault. Les hommes retournent au cabanon.

3) Meursault repart seul sur la plage. Il marche péniblement parce qu'il souffre de la chaleur et du soleil. Il décide d'aller jusqu'à la source pour se rafraichir.

4) En arrivant à la source, Meursault se retrouve soudain face à face avec l'Arabe. Cette rencontre n'était pas préméditée, les deux hommes n'avaient pas prévu de se revoir à la source.

5) Il se passe ensuite un malentendu: l'Arabe fait un geste suspect et la réaction instinctive de Meursault est d'attraper le révolver de Raymond qu'il avait dans sa poche. Le malentendu est renforcé par la chaleur et l'aveuglement. Meursault fait un pas pour échapper au soleil, l'Arabe sort alors son couteau. Le reflet du soleil sur la lame éblouit Meursault qui perd sa lucidité. Il tire sur l'Arabe et le tue de cinq balles de révolver.

Votre scène

Grammaire

1. Les adjectifs possessifs

Réécrivez les phrases suivantes en utilisant les adjectifs possessifs 'Son, sa, ses, leur, leurs'		FF 316-18
1	Marie est la petite amie de Meursault.	
	Marie est _____ petite amie.	
2	Ils passent le weekend dans le cabanon de Masson et de sa femme.	
	Ils passent le weekend dans _____ cabanon.	
3	Masson et sa femme sont les amis de Raymond.	
	Masson et sa femme sont _____ amis.	
4	Masson et sa femme sont les amis de Raymond et de Meursault.	
	Masson et sa femme sont _____ amis.	
5	L'Arabe est le frère de la Mauresque.	
	L'Arabe est _____ frère.	
6	Raymond a un révolver. C'est le révolver de Raymond.	
	Raymond a un révolver. C'est _____ révolver.	

2. L'imparfait ou le conditionnel, le présent ou le futur

Imaginez que Meursault partage ses pensées sur la journée qu'il vient de passer. Conjuguez les verbes entre parenthèse à l'imparfait ou au conditionnel, au présent ou au futur, en fonction de la conjugaison du verbe qui est déjà dans l'autre partie de la phrase:

- Si le verbe dans la phrase est à l'imparfait, conjuguez l'autre verbe au conditionnel.
- Si le verbe dans la phrase est au conditionnel, conjuguez l'autre verbe à l'imparfait.
- Si le verbe dans la phrase est au présent, conjuguez l'autre verbe au futur.
- Si le verbe dans la phrase est au futur, conjuguez l'autre verbe au présent.

Ex	*J'épouserai Marie si elle m'**aime** (aimer)*	FF 223-27 FF 250
1	Je ne _____ (être) peut-être pas condamné si je dis la vérité à la police.	
2	Si je ne _____ (connaître) pas Raymond, je ne serais pas allé au cabanon.	
3	Je rentrerai vite chez moi si l'interrogatoire ne _____ _____ (durer) pas trop longtemps.	
4	Je _____ (réagir) différemment si mes besoins physiques ne dérangeaient pas toujours mes sentiments.	
5	Si la police me laisse partir, Marie et moi, nous _____ (aller) au cinéma ce soir.	

3. Les temps du passé (1): plus-que-parfait ou conditionnel passé

Tout aurait été différent si certaines choses ne s'étaient pas passées de la même façon. Conjuguez les verbes en choisissant entre le plus-que-parfait et le conditionnel passé, en fonction de la conjugaison du verbe qui est déjà dans l'autre partie de la phrase.

- Si le verbe dans la phrase est au plus-que-parfait, conjuguez l'autre verbe au conditionnel passé.
- Si le verbe dans la phrase est au conditionnel passé, conjuguez l'autre verbe au plus-que-parfait.

Ex	*J'aurais épousé Marie si elle **avait insisté** (insister)*	FF 234-38 FF 245
1	Meursault et Marie _____ (rester) à Alger si Raymond n'avait pas connu Masson.	
2	Meursault et Marie ne seraient pas allés au cabanon, si Masson _____ _____ (ne pas inviter).	
3	Si l'Arabe _____ (rester) chez lui, il n'aurait pas été tué.	
4	Si Raymond _____ (garder) son revolver dans sa poche, Meursault n'aurait jamais tiré sur un homme.	
5	Meursault _____ (rester) dans le cabanon s'il n'avait pas autant mangé à midi.	
6	S'il _____ (ne pas faire) aussi chaud, le soleil n'aurait pas aveuglé Meursault.	

4. Les temps du passé (2): passé composé, imparfait, plus-que-parfait

Conjuguez les verbes du paragraphe au passé composé, à l'imparfait, ou au plus-que-parfait	FF 232-38

A la fin du Chapitre 6, Meursault _____

(1. tuer) le frère de la maitresse de Raymond. A la suite de ce meurtre, la police

_____ (2. commencer) à mener une enquête,

et, le soir même, certains témoins étaient déjà interrogés. Imaginez que vous lisez dans

le journal *L'Écho d'Alger*, un article qui résume l'interrogatoire de Marie par la police:

L'Écho d'Alger

« Hier, la police _____ (3.

interroger) Marie, la petite amie du meurtrier. La jeune femme _____

_____ (4. raconter) qu'elle _____

_____ (5. rencontrer) Meursault plusieurs années

auparavant. Ils _____ (6.

travailler) ensemble dans la même compagnie de transport maritime. Marie _____

_____ (7. expliquer) que le matin du meurtre,

Meursault _____ (8. être) fatigué

et qu'il _____ (9. avoir) mal à la

tête. Cependant, ils _____ (10.

décider) de prendre le bus parce que des amis les _____

_____ (11. inviter) à passer la journée dans leur cabanon, sur une

plage près d'Alger. Dans l'après-midi, il _____

_____ (12. faire) tellement chaud que Meursault _____

_____ (13. marcher) tout seul vers une source pour se

rafraîchir. C'est alors qu'il _____

(14. reconnaître) un Arabe qui l(e) _____

_____ (15. suivre) le matin même dans le bus. Meursault _____

_____ (16. se sentir) menacé et il _____

_____ (17. tirer) cinq coups de révolver sur l'homme.

À ce jour, la raison du crime reste encore inconnue, mais l'enquête révèle que quelques

mois auparavant, l'accusé _____

(18. assister) à l'enterrement de sa mère. La police _____

_____ (19. parler) aux témoins afin d'élucider cette affaire au plus vite

et de savoir ce qui _____ (20. se

passer) avant le crime. »

Conclusion de la première partie

Fiche de lecture

Combien de temps dure la première partie?		
Résumez les chapitres de la première partie	Chap 1	
	Chap 2	
	Chap 3	
	Chap 4	
	Chap 5	
	Chap 6	
Le style de la première partie		

Le cycle de l'absurde dans la première partie	**Indiquez les similitudes entre les chapitres 1 et 6 de la 1ère partie**

Compréhension

Vrai ou faux

	Dites si les déclarations suivantes sont vraies (V) ou fausses (F)		
1	*L'Étranger* d'Albert Camus est un roman existentialiste.	V	F
2	La narration du roman est à la première personne.	V	F
3	Le thème de l'absurde n'est pas présent dans la première partie du roman.	V	F
4	Le deuil n'est pas un rituel absurde pour Meursault.	V	F
5	L'asile où était la mère de Meursault se trouve à Alger.	V	F
6	Meursault va à l'asile en voiture le weekend de l'enterrement.	V	F
7	Il pleut le jour de l'enterrement.	V	F
8	Meursault rate son bus pour rentrer à Alger après l'enterrement.	V	F
9	Quand Meursault retourne au travail le lundi après l'enterrement, son patron lui présente ses condoléances.	V	F
10	La couleur qui revient le plus dans le roman est le noir.	V	F
11	Meursault ne pouvait financièrement pas s'occuper de sa mère.	V	F
12	Masson est un voisin de Meursault.	V	F
13	Meursault ne veut pas être ami avec Raymond parce qu'il a une mauvaise réputation.	V	F
14	Les effets de la chaleur expliquent pourquoi Meursault tue un Arabe à la fin de la première partie du roman.	V	F

Corrections des réponses fausses (F)		

Discussion

1. Comparez les Chapitres 1 et 6 de la première partie du roman

Quelles sont les similitudes entre le début et la fin des chapitres 1 et 6 de la première partie?	
Que représentent ces similitudes?	

2. En quoi Meursault est-il un 'étranger' à votre avis? Donnez trois raisons

1	

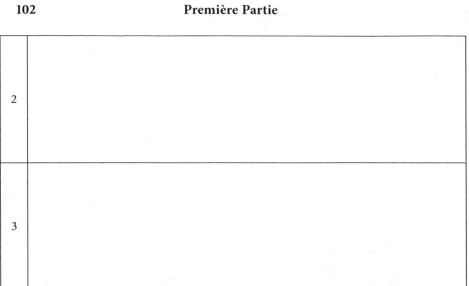

2	
3	

3. Quelle sorte d'homme est Raymond Sintès?

Décrivez la personnalité de Raymond
Quels sont les rapports entre Raymond et Meursault?

Quels rapports Raymond entretient-il à l'égard des femmes?

4. Faites un portrait physique et moral des personnages suivants

Complétez cet exercice à l'aide des notes de votre journal de l'activité 1 (Les personnages) dans *Les activités au cours de la lecture* (p 14 – 15).

– Comment est-ce que Meursault a fait leur connaissance? – Quels rapports est-ce qu'ils entretiennent avec Meursault? – Qu'est-ce que ces personnages représentent dans le texte?	
Marie Cardona	• • • • •

Raymond Sintès	•
	•
	•
	•
	•
Salamano	•
	•
	•
	•
	•

Deuxième Partie

Chapitre 1

Fiche de lecture

Complétez le tableau ci-dessous au cours de votre lecture du chapitre	
Quand	
Titre possible	
Le résumé du chapitre	
Les nouveaux personnages	
Les spécificités du chapitre	1) Remplissez le tableau: |	Nombre de chapitres	Nombre de mois | |---|---|---| | 1ère partie (entière) | | | | 2ème partie (Chap 1) | | | 2) Qu'en déduisez-vous?

L'absurde dans ce chapitre	

Vocabulaire

1. Quelques révisions

Révisez le vocabulaire du chapitre à l'aide des synonymes ou des phrases	
Une affaire (judiciaire)	Un cas, un dossier, un problème, un procès.
L'âme	Souvent l'opposée du corps, l'âme est le principe de pensée de l'homme. C'est le lieu de l'activité intellectuelle, de la raison, des qualités morales. L'âme reflète l'affectif et les états de conscience.
Un argument	Une preuve, un raisonnement, une déduction.
Une arrestation	Un emprisonnement, une capture, une privation de liberté.
Une audience	1. Un public qui écoute. 2. Une séance pendant laquelle le tribunal interroge les parties, entend les plaidoiries, et rend sa décision.
Un avocat	Une personne dont la mission est de représenter en justice une autre personne afin de défendre ses intérêts.
Un crime	Une infraction très grave à la loi ou à la morale (viol, meurtre, attentat, etc.).
Un criminel	Une personne coupable d'enfreindre la loi.
Un dossier	Tous les documents relatifs à un même sujet ou à une même affaire (le dossier criminel de Meursault).
Gêner	Contrarier, procurer une sensation de mal être physique ou mental, déranger quelqu'un dans son corps ou dans sa liberté d'action.
Insensible	Qui n'a pas de sensibilité morale ou physique, qui n'éprouve pas de sentiment ni de sensation.
Un interrogatoire	C'est l'ensemble des questions posées à quelqu'un et des réponses apportées pendant une enquête, une instruction.
Un juge d'instruction	Un magistrat chargé de rendre la justice pénale (criminelle).

Un meurtre	Un assassinat, un homicide, le fait de tuer quelqu'un.
Un meurtrier	Un assassin, quelqu'un qui cause la mort d'une autre personne.
Un prisonnier	Un détenu, un captif, une personne privée de sa liberté.
Un procureur	Un avocat général, un accusateur (public).
Un remords	La douleur morale qu'on éprouve quand on a conscience d'avoir mal agit.
Témoigner	Déclarer ce qu'on sait, faire une déposition, servir de preuve.

2. Le mot juste

Retrouvez les mots de vocabulaire à partir des synonymes proposés ci-dessus	
Ex	*Un magistrat chargé de rendre la justice pénale*	*Un juge d'instruction*
1	Déclarer ce qu'on sait, faire une déposition.	
2	Un détenu, une personne privée de sa liberté.	
3	Une personne coupable d'enfreindre la loi.	
4	Un emprisonnement, une capture, une privation de liberté.	
5	Un public qui écoute.	

3. Les synonymes

Expliquez le vocabulaire en donnant des synonymes ou des phrases en français	
Approuver	
Brandir	
Un crucifix	
Dépeindre	
Un gendarme	
Lassé	
Mal à l'aise	
Se repentir	

Susciter	
Taciturne	
Se taire	

4. Exercice à trous

Trouvez les mots de vocabulaire qui manquent dans le texte (utilisez chaque mot une seule fois, changez les conjugaisons et accords si nécessaire)
un crucifix   se repentir   un interrogatoire   un criminel *se taire   son arrestation   le juge d'instruction   prisonnier*

Meursault est arrêté parce qu'il est considéré comme (1) _____

_____ après avoir tué l'Arabe. Au début de son emprisonnement, Meursault a des pensées d'homme libre parce qu'il ne réalise pas qu'il est (2) _____.

Quelques jours après (3) _____,

Meursault est interrogé par (4) _____

qui s'intéresse essentiellement à son attitude insensible vis-à-vis de sa mère. C'est (5) _____

absurde parce que la conversation est inappropriée. Le juge ne demande pas à Meursault pourquoi il a tué l'Arabe. Meursault n'est pas jugé sur son crime, mais sur son insensibilité, sur ses pensées et sur son mode de vie. Le juge brandit (6) _____

parce qu'il pense que Meursault doit (7) _____

_____ devant Dieu. Mais Meursault ne parle pas beaucoup. Il préfère (8) _____

_____ plutôt que de mentir au juge d'instruction.

Compréhension
1. Vrai ou faux

Dites si les déclarations suivantes sont vraies (V) ou fausses (F)		
1	Meursault trouve son affaire très simple et ne pense pas avoir besoin d'un avocat.	V F
2	Meursault dit à son avocat qu'il a eu de la peine le jour de l'enterrement de sa mère.	V F

3	L'avocat est présent pendant l'interrogatoire de Meursault avec le juge d'instruction.	V	F
4	L'avocat traite Meursault d'« Antéchrist. »	V	F
5	Meursault ne peut pas expliquer pourquoi il a tiré cinq fois sur l'Arabe.	V	F
6	Le juge d'instruction est menacé par Meursault.	V	F
7	Le juge d'instruction s'intéresse plus à Meursault qu'à son crime.	V	F
8	Meursault explique au juge que « [s]es besoins physiques dérangent souvent [s]es sentiments. »	V	F
9	Pour ne pas avoir de problème, Meursault dit au juge qu'il croit en Dieu.	V	F
10	Le juge d'instruction tutoie Meursault dans la 2ème partie du chapitre.	V	F
11	Meursault dit au juge qu'il regrette d'avoir tué l'Arabe.	V	F
12	Meursault refuse de mentir à son avocat et au juge d'instruction.	V	F
13	Meursault a toujours du mal à se considérer comme un criminel à la fin de son interrogatoire avec le juge.	V	F
14	Pendant les onze mois qui ont suivi, Meursault n'a plus jamais eu d'interrogatoire avec le juge.	V	F
15	À la fin du chapitre, Meursault est libéré de prison.	V	F

Correction des réponses fausses (F)		

2. Le bon choix

Entourez la bonne réponse	
1	Comment est-ce que Meursault trouve son avocat?
a	Meursault n'a pas besoin d'avocat parce que son affaire est simple.
b	L'avocat de Meursault est désigné d'office par la justice.
c	C'est Marie qui trouve un avocat pour Meursault.
2	Pendant l'interrogatoire de Meursault, le juge d'instruction s'intéresse surtout…
a	À la vie personnelle de Meursault.
b	Au meurtre de l'Arabe.
c	À la famille de l'Arabe.
3	Qu'est-ce qui énerve le plus l'avocat dans le comportement de Meursault?
a	Son absence d'amour pour Marie.
b	Son manque d'émotion le jour de l'enterrement.
c	Son amitié avec Raymond.
4	D'après le juge d'instruction, comment est-ce que les gens décrivent Meursault?
a	Sensible et sociable.
b	Discret et intelligent.
c	Taciturne et renfermé.
5	Qu'est-ce que Meursault répond quand le juge d'instruction lui demande s'il croit en Dieu?
a	Il va réfléchir à la question.
b	Oui.
c	Non.
6	Qu'est-ce que Meursault répond quand le juge lui demande pourquoi il a attendu avant de tirer quatre autres fois sur le corps de l'Arabe?
a	Il ne répond pas à la question.
b	Il dit que c'était à cause de la chaleur.
c	Il voulait être sûr que l'Arabe était mort.
7	Qu'est-ce que Meursault répond quand le juge lui demande s'il regrette son acte?
a	Meursault préfèrerait ne pas avoir tué l'Arabe.
b	Meursault avoue qu'il ne regrette rien.
c	Plutôt que du regret véritable, Meursault éprouve un certain ennui.
8	Combien de temps dure l'instruction de Meursault?
a	11 mois.
b	1 an.
c	5 mois.

3. Testez vos acquis

Répondez aux questions de compréhension		
A	**Sur quoi porte l'interrogatoire du juge d'instruction?**	
B	**Quels sont les sentiments de Meursault vis-à-vis de Dieu?**	
C	**D'après vous est-ce que Meursault dit la vérité ou est-ce qu'il préfère plutôt mentir?**	
D	**Pourquoi les interrogatoires avec l'avocat et avec le juge sont-ils absurdes ?**	
E	**Discutez des effets de la lumière et de la chaleur pendant l'interrogatoire avec le juge d'instruction.** Notez les phrases qui font référence à la lumière et à la chaleur aux pages 84, 86 et 89. Que remarquez-vous?	

Discussion

1. Les interrogatoires de Meursault

La classe peut être divisée en deux pour discuter des interrogatoires de Meursault avec l'avocat et avec le juge.

1ᵉʳ GROUPE L'interrogatoire avec l'avocat	2ᵉᵐᵉ GROUPE L'interrogatoire avec le juge
Lire: p 84, l 25 – p 85, l 21	Lire: p 88, l 13 – p 89, l 23
Sur quoi est jugé Meursault?	Sur quoi porte la conversation?
Que veut l'avocat?	Que veut le juge?
Quelle est l'attitude de Meursault?	Quelle est l'attitude de Meursault?

Pourquoi est-ce que ces interrogatoires sont absurdes? (Trouvez au moins 3 raisons)

1	
2	
3	

2. Un remords chrétien

Retrouvez dans le texte au moins trois arguments du juge pour provoquer un remords chrétien chez Meursault	Notez les réactions de Meursault à chaque argument du juge
Lire: pp 88–89	

3. La justice française

Recherchez la signification des mots suivants, puis partagez vos découvertes avec le reste de la classe	
Les magistrats:	Le président:
Le juge d'instruction:	L'avocat de l'accusation:

Le procureur:	L'avocat de la défense:

À *vos plumes*

AU COMMISSARIAT DE POLICE	FF 190-95

(Par groupe de deux)

Vous êtes l'agent de police qui interroge Meursault

Meursault vient d'être arrêté pour avoir tué un homme sur la plage. Il est amené au commissariat de police et vous êtes le policier chargé de l'interroger. Utilisez les mots interrogatifs ci-dessous pour poser un minimum de huit questions à Meursault afin de comprendre ce qui s'est passé.

Suggestion: Un étudiant joue le rôle du policier et pose les questions à Meursault. Un autre étudiant joue le rôle de Meursault et répond aux questions du policier.

Les questions du policier	
1	Est-ce que
2	Qu'est-ce que
3	Comment
4	Quand
5	Pendant
6	Qui est-ce que
7	Où
8	Avec qui
9	Avec quoi
10	Qui est-ce qui
11	Combien de
12	Pourquoi
13	Etc.

Les réponses de Meursault

Grammaire

1. La voix passive

Réécrivez les phrases suivantes en les mettant à la forme passive	FF 286-89

| Ex 1 | *La société condamne Meursault.* |
| | *Meursault **est condamné** (être condamné) par la société.* |

| Ex 2 | *Meursault a tué l'Arabe.* |
| | *L'Arabe **a été tué** (être tué) par Meursault.* |

| 1 | La police arrête Meursault. |
| | Meursault |

| 2 | On a mis Meursault en prison. |
| | Meursault |

| 3 | L'avocat a étudié le dossier de Meursault. |
| | Le dossier de Meursault |

| 4 | Le comportement de Meursault énerve l'avocat. |
| | L'avocat |

| 5 | Le comportement de Meursault énervait l'avocat. |
| | L'avocat |

| 6 | Le juge d'instruction interroge Meursault. |
| | Meursault |

| 7 | On entend Marie comme témoin. |
| | Marie |

| 8 | On a entendu Marie comme témoin. |
| | Marie |

2. Les temps du passé: passé composé, imparfait, plus-que-parfait

Conjuguez les verbes au passé composé, à l'imparfait, ou au plus-que-parfait	FF 232-38

Meursault a été arrêté pour avoir tué un homme sur la plage. Il _____ (1. rencontrer) son avocat en prison. Avant d'aller voir Meursault, l'avocat _____ (2. se renseigner) sur l'affaire du meurtre. L'homme de loi _____ (3. être) jeune et un peu gros. Il _____ (4. s'asseoir) à côté de Meursault et il lui _____ (5. poser) beaucoup de questions pour l'aider à préparer sa défense. Il _____ (6. faire) très chaud dans la cellule et Meursault _____ (7. porter) une chemise à manches courtes. L'avocat ne _____ (8. sembler) pas trop transpirer malgré son costume sombre et sa cravate qui lui _____ (9. serrer) le cou. Les deux hommes _____ (10. discuter) de ce que Meursault devrait dire au tribunal. L'avocat lui _____ (11. apprendre) que le directeur de l'asile _____ (12. aller) témoigner, mais Meursault _____ (13. se demander) pourquoi, vu que le décès de sa mère _____ (14. ne pas avoir) de rapport avec son affaire. L'avocat _____ (15. interroger) Meursault sur ses sentiments le jour de l'enterrement, mais Meursault avait du mal à répondre. Il _____ (16. expliquer) qu'il ne _____ (17. voir) pas souvent sa mère depuis qu'elle était à Marengo et qu'il _____ (18. se sentir) fatigué le jour de l'enterrement. L'avocat _____ (19. réfléchir) un instant, et il _____ (20. faire) remarquer à Meursault que son insensibilité poserait un problème le jour du jugement. Puis il _____ (21. prendre) ses affaires et il _____ (22. partir) sans poser une seule question à Meursault sur le meurtre. Est-ce que l'avocat _____ (23. réaliser) que son client _____ (24. tuer) un homme?

3. L'imparfait ou le conditionnel

Conjuguez chaque phrase avec un verbe à l'imparfait et un verbe au conditionnel:

- Dans la partie de la phrase qui commence par si/s', conjuguez le verbe à l'imparfait.
- Conjuguez le verbe au conditionnel dans l'autre partie de la phrase.

Ex	*Meursault ne **serait** (être) peut-être pas condamné s'il **acceptait** (accepter) de mentir.*	FF 223-27 FF 250
1	Meursault _____ (pouvoir) se justifier si l'avocat et le juge lui _____ (poser) des questions sur le crime.	
2	Si Meursault _____ (ne pas être) aussi indifférent à ses propres sentiments, les gens ne _____ _____ (penser) pas qu'il est un étranger.	
3	Meursault _____ (mentir) s'il _____ (dire) qu'il croyait en Dieu.	
4	Meursault _____ (réaliser) ce qui se passe s'il _____ _____ (avoir) conscience de la gravité de sa situation.	
5	Si l'attitude de Meursault _____ (être) différente, son avocat le _____ _____ (comprendre) plus facilement.	
6	Si Raymond ne _____ (connaître) pas Meursault, ce dernier _____ _____ (ne pas être) en prison.	
7	Le juge d'instruction _____ (s'intéresser) plus au crime, s'il _____ _____ (poser) moins de questions personnelles à Meursault.	

Chapitre 2

Fiche de lecture

Complétez le tableau ci-dessous au cours de votre lecture du chapitre	
Quand	
Titre possible	
Le résumé du chapitre	
Le style littéraire du chapitre	
L'absurde dans cc chapitre	

119

Vocabulaire

1. Quelques révisions

Révisez le vocabulaire du chapitre à l'aide des synonymes ou des phrases	
Acquitté	Un accusé déclaré non coupable, pardonné, libéré.
Ça m'est égal	Je m'en fiche, c'est pareil, je suis indifférent.
Une cellule	Une chambre de prisonnier.
Un détenu	Un prisonnier, une personne incarcérée.
Entrecroiser	Croiser, couper, mélanger.
Faire fortune	Gagner de l'argent, devenir riche.
Un fait divers	Un accident anecdotique du quotidien, souvent présenté dans l'actualité télévisée ou dans la presse écrite.
Un parloir	Une salle où on reçoit les visiteurs.
Un puits	Un grand trou creusé dans le sol (dans lequel il y a de l'eau).
Un tchécoslovaque[13]	Un habitant ou résident de la Tchécoslovaquie.

2. Le mot juste (1)

Retrouvez les mots du vocabulaire à partir des synonymes proposés ci-dessus		
Ex	*Je m'en fiche, c'est pareil, je suis indifférent*	*Ça m'est égal*
1	Un grand trou creusé dans le sol (dans lequel il y a de l'eau).	
2	Une chambre de prisonnier.	
3	Gagner de l'argent, devenir riche.	
4	Un accident anecdotique du quotidien, souvent présenté dans l'actualité télévisée ou dans la presse écrite.	
5	Une salle où on reçoit les visiteurs.	

---

[13] La Tchécoslovaquie est un pays d'Europe centrale qui n'existe plus depuis 1992. La situation politique est différente aujourd'hui, puisqu'il y a maintenant deux pays: la Tchéquie (d'où Tchèque) et la Slovaquie (d'où Slovaque).

3. Les synonymes

Expliquez le vocabulaire en donnant des synonymes ou des phrases en français	
Un barreau[14] (de prison)	
Un corridor	
Un entretien	
Un étourdissement	
Le greffe	
Une grille	
Une natte	
Relater	
Une répugnance	

4. Le mot juste (2)

Retrouvez les mots du vocabulaire de base à partir des synonymes proposés ci-dessus		
Ex	*Raconter, dire, expliquer*	*Relater*
1	Un dégoût, une nausée, une répulsion.	
2	Une petite barre en fer qui ferme une fenêtre.	
3	Un tissu de paille qui sert de matelas.	
4	Un couloir, un passage étroit.	
5	Une visite, une discussion, une conversation.	

---

[14] Le barreau *(the bar)* est aussi l'ordre professionnel des avocats. C'est un organisme professionnel qui regroupe l'ensemble des avocats. Pour pouvoir exercer sa profession, chaque avocat doit appartenir à un barreau, c'est-à-dire à un tribunal judiciaire (le barreau de Paris, le barreau de Marseille, etc.).

Compréhension

1. Vrai ou faux

Dites si les déclarations suivantes sont vraies (V) ou fausses (F)			
1	Dans ce chapitre, Meursault est en prison depuis cinq mois.	V	F
2	Marie n'est autorisée à rendre visite à Meursault en prison qu'une seule fois parce qu'elle n'est pas sa femme.	V	F
3	Quand Marie vient voir Meursault en prison, il y a beaucoup d'autres personnes dans le parloir.	V	F
4	Meursault et Marie ont une longue conversation.	V	F
5	Quand il est arrêté, Meursault est d'abord mis dans une cellule avec plusieurs Arabes.	V	F
6	Meursault est isolé dans une cellule quelques jours après son arrestation.	V	F
7	Au début de sa détention, Meursault a des pensées d'homme libre.	V	F
8	Meursault s'ennuie dans sa cellule et il essaie de tuer le temps.	V	F
9	Meursault peut voir la mer par la fenêtre de sa cellule.	V	F
10	Meursault peut fumer en prison.	V	F
11	Meursault ne dort pas beaucoup dans sa cellule.	V	F
12	L'histoire du Tchécoslovaque est une histoire "vraie."	V	F
13	Le Tchécoslovaque revient dans son village 25 ans plus tard avec beaucoup d'argent.	V	F
14	Dans la nuit, le Tchécoslovaque tue sa sœur et sa mère.	V	F
15	Meursault pense que le Tchécoslovaque aurait dû dire qui il était à sa famille.	V	F

Correction des réponses fausses (F)			

2. Le bon choix

Entourez la bonne réponse	
1	**Depuis combien de temps Meursault est-il en prison?**
a	Un mois.
b	Cinq mois.
c	Un an.
2	**En prison, quel moment de la journée est le plus difficile pour Meursault?**
a	Le matin.
b	L'après-midi.
c	Le soir.
3	**Combien de fois est-ce que Marie rend visite à Meursault en prison?**
a	Une fois.
b	Trois fois.
c	Tous les jours.
4	**Dans quelle pièce de la prison est-ce que Marie rend visite à Meursault?**
a	Le bureau du juge d'instruction en présence de l'avocat de Meursault.
b	Un petit parloir très calme où Marie et Meursault sont seul.
c	Une grande pièce très bruyante et remplie de monde.
5	**Comment se passe la visite de Marie en prison?**
a	Marie et Meursault sont assis à la même table.
b	Deux grilles les séparent d'un espace de huit à dix mètres *(25–30 feet)*.
c	Ils sont séparés par une vitre et se parlent par l'intermédiaire d'un téléphone.
6	**En prison, qu'est-ce qui manque le plus à Meursault à part les cigarettes?**
a	Les femmes en général.
b	Marie.
c	La plage.
7	**Comment Meursault parvient-il à tuer le temps en prison?**
a	Il fait du sport.
b	Il sympathise avec d'autres prisonniers.
c	Il apprend à se souvenir.
8	**D'une manière générale, comment décririez-vous le comportement de Meursault en prison?**
a	Il s'adapte tant bien que mal.
b	Il est déprimé et il pense à se suicider.
c	Il devient mentalement malade.

Deuxième Partie

3. Testez vos acquis

	Répondez aux questions de compréhension	
A	**Comment Meursault prend-il conscience qu'il est en prison?**	
B	**Faites une liste des choses que Meursault ne peut plus faire en prison.**	
C	**Faites une liste des activités de Meursault en prison?**	
D	**Décrivez la visite de Marie: Dans quelles conditions se fait cette visite? De quoi parlent-ils?**	

Discussion

1. La visite de Marie

Lire p 93, l 11 – p 96, l 6
Expliquez pourquoi les conditions sont difficiles dans le parloir
De quoi parlent-ils?
Citez des exemples qui illustrent l'absence de communication verbale entre Meursault et Marie
Vos conclusions

2. La vie de Meursault en prison

Lire p 96, l 10 – p 99, l 1	
Questions	Réponses
A	De quoi Meursault prend-il conscience?	
B	Quelle est la différence entre sa vie en prison et sa vie hors de prison?	
C	Est-ce plus dur d'être prisonnier, ou d'avoir des pensées d'homme libre?	
D	Comment est-ce que Meursault prend conscience qu'il est vraiment prisonnier?	
E	Avant d'être en prison, avait-il conscience de sa liberté?	
F	Quelles sont ses activités en prison?	
G	Que fait-il pour tuer le temps? (p 98)	
H	Quand il était un homme libre, se souvenait-il de beaucoup de choses? Réfléchissait-il beaucoup?	
I	Est-ce qu'il se souvient du jour du meurtre?	
J	Pensez-vous qu'il se rend compte qu'il a tué un homme?	

3. L'histoire du Tchécoslovaque

Lire p 96, l 3 – p 100, l 4		
	Questions	Réponses
A	Où Meursault trouve-t-il cette histoire?	
B	Résumez l'histoire	
C	Que pense Meursault de cette histoire? A-t-il une opinion? (Trouvez la page et les lignes)	
D	Est-ce que Meursault fait la connexion entre ce que la famille du voyageur a fait, et le meurtre qu'il a commis?	

4. Questions supplémentaires

1	Pensez-vous que Meursault a changé pendant les cinq mois qu'il est en prison? Donnez des exemples précis.
2	Si Meursault était votre ami, que lui diriez-vous pour lui remonter le moral?

À vos plumes

L'ARTICLE SUR LE TCHÉCOSLOVAQUE

(Individuellement ou en petits groupes)

Écrivez l'article du journal sur le meurtre du Tchécoslovaque que Meursault trouve sous le lit de sa cellule. Réinventez cette histoire et utilisez un ton journalistique dans votre éditorial pour raconter ce qui s'est passé (p 99, ll 3–22). Minimum 100 mots.

Rédigez votre article en vous basant sur les faits ci-dessous pour décrire
ce qui s'est passé, le quiproquo à l'origine du meurtre,
et pour donner votre opinion personnelle sur l'affaire.

La date:	La semaine dernière, le jeudi 20 juin 1921.
Le lieu:	Un hôtel en Tchécoslovaquie, dans le village natal de la victime.
Le crime:	Un assassinat et le corps a été jeté dans une rivière.
Le motif:	Un vol d'argent pour une valeur équivalente à 10.000 (anciens) francs.
Les victimes:	Un homme riche originaire de la région, sa mère, sa sœur.
Les méthodes:	Des coups de marteau, suicide par pendaison, suicide par noyade.
Les meurtrières:	La mère et la sœur de la victime.

Votre article

Grammaire

1. Les pronoms relatifs

Complétez le paragraphe en choisissant entre les pronoms relatifs (ce) que/qu', (ce) qui, dont, où	FF 151-57

Meursault vient d'être mis en prison. Au début, il est placé dans une cellule _____ _____ il y a déjà plusieurs détenus. La plupart sont des Arabes, _____ _____ peut sembler dangereux pour Meursault, puisque l'homme _____ _____ _____ il vient de tuer est aussi un Arabe. Mais lorsque les détenus demandent à Meursault _____ il a fait pour être arrêté, Meursault dit la vérité sans penser au danger de sa situation. Curieusement, les Arabes ne réagissent pas à _____ _____ _____ Meursault raconte.[15] C'est plutôt absurde, n'est-ce pas? Meursault ne comprend pas que les actions _____ _____ il fait peuvent avoir des conséquences sur lui ou sur les autres. Une chose _____ _____ est difficile pour Meursault en prison, c'est d'avoir des pensées d'homme libre. Dans sa cellule, il essaie de se rappeler du temps _____ _____ il était libre. Il passe des heures à se souvenir des weekends _____ _____ il passait à la plage avec Marie. Mais maintenant, Meursault est inquiet parce que Marie lui dit qu'elle n'est plus autorisée à venir le voir en prison. Cependant, c'est l'attente de la mort _____ _____ _____ Meursault a le plus peur. Au procès, il sera jugé coupable à cause des cigarettes _____ _____ il a fumées et du café _____ _____ il a bu pendant la veillée de sa mère à Marengo. Pourtant, ce ne sont pas ces actions _____ _____ perturbent Meursault, mais plutôt l'idée de ne plus être un homme libre.

---

[15] Pour une analyse sur l'attitude des Arabes dans la cellule où est mis Meursault, voir l'article de Vincent Grégoire "Pour une explication du passage sur l'amabilité des Arabes en prison dans *L'Étranger*" (1994).

2. Les pronoms d'objet direct, indirect, y, en

Réécrivez les phrases en remplaçant les mots soulignés par un pronom d'objet direct (le, la, l', les), indirect (lui, leur), y, en	FF 137
Ex	*Meursault lit l'histoire du Tchécoslovaque.* *Meursault la lit.*
1	Marie est allée **à la prison**. Marie
2	Marie a rendu visite **à Meursault**. Marie
3	Meursault a vu **Marie** au parloir. Meursault
4	Meursault n'a pas beaucoup parlé **à Marie**. Meursault
5	Meursault pense **à l'ennui qui l'accable**. Meursault
6	Meursault n'aime pas parler **de sa vie de prisonnier**. Meursault
7	Les femmes manquent **à Meursault**. Les femmes
8	Meursault voudrait fumer **des cigarettes**. Meursault

Chapitre 3

Fiche de lecture

Complétez le tableau ci-dessous au cours de votre lecture du chapitre	
Quand	
Titre possible	
Le résumé du chapitre	
Décrivez le procès	**Faites une liste des événements du procès** **Est-ce que le caractère de Meursault commence à changer au cours du procès? De quoi se rend-il compte?**

L'absurde dans ce chapitre	**Donnez des exemples pour montrer comment Camus se sert de l'absurde pour faire une satire des médias et de la justice:** • <u>Une satire des médias:</u> • <u>Une satire de la Justice:</u>

Vocabulaire

1. Quelques révisions

Révisez le vocabulaire du chapitre à l'aide des synonymes ou des phrases	
Avoir de la peine	Être triste, avoir du chagrin.
Une banquette	Un banc à dossier, rembourré et matelassé.
Brandir (une arme)	Agiter, élever, exposer, sortir.
Un confrère	Un collègue appartenant à une même profession.
Converser	Discuter, parler, avoir une conversation.
Cordial	Poli, sympathique, aimable.
Épier	Regarder attentivement et secrètement, espionner, observer en cachette.
Un huissier	Un employé chargé d'introduire les actes de procédure et de communiquer les décisions de justice.
Impartial	Juste, équitable, sans parti pris.
S'interpeler	S'appeler, se questionner, se parler.
Des menottes	Des bracelets métalliques qu'on attache aux poignets (*wrist*) des prisonniers.
Narquois (un air)	Malicieux, rusé, moqueur, farceur.
Niais	Stupide, bête, naïf, ridicule.
Ôter	Enlever, retirer.
Un parricide	Le meurtre du père.

Prétexter	Faire croire, simuler, arguer, donner une excuse.
Un remue-ménage	Une agitation, un désordre, une effervescence.
Un store	Un rideau de tissu, de bois, de plastique, etc. qui se tire devant une fenêtre.
Survenir	Arriver accidentellement ou par surprise.
Un témoin	Une personne qui est entendue dans le cadre d'une procédure d'enquête, pour raconter ce qu'elle a vu ou entendu.

2. Les synonymes

Expliquez le vocabulaire en donnant des synonymes ou des phrases en français	
Avoir de la peine	
Avoir le trac	
Une cour d'assises	
Un éventail	
Le hasard	
Impartial	
Un intrus	
Un juré	
Un palais de justice	
Un procès	
Un procureur	
Rendre compte (de) Se rendre compte (de)	
Une salle de tribunal	
Une satire	
Un témoin	

3. Le mot juste

	Retrouvez les mots du vocabulaire à partir des synonymes proposés ci-dessus	
Ex	Prendre conscience (de), s'apercevoir (de)	Se rendre compte (de)
1	Une caricature, une critique très sévère par la parodie ou la moquerie.	
2	Un importun, quelqu'un qui s'introduit quelque part sans y avoir été invité.	
3	Avoir peur, être nerveux, être angoissé et stressé.	
4	Juste, équitable, sans parti pris.	
5	Un bâtiment où siègent les tribunaux.	
6	L'imprévu, une coïncidence, quelque chose qui arrive de façon accidentelle ou imprévisible.	
7	Un collègue appartenant à une même profession.	
8	Des bracelets métalliques qu'on attache aux poignets des prisonniers.	
9	Une chambre de prisonnier.	
10	Le meurtre du père.	
11	Un rideau de tissu, de bois, de plastique (etc.) qui se tire devant une fenêtre.	
12	Enlever, retirer.	

4. Exercice à trous (1)

Trouvez les mots de vocabulaire qui manquent dans le texte
(utilisez chaque mot une seule fois, changez les conjugaisons et accords si nécessaire)
parricide   remue-ménage   la salle de tribunal   ôter   *des menottes   les stores d'éventails   sa cellule   se presser*

Quand Meursault sort de (1) _____

_____, la police lui met (2) _____

_____ aux poignets. Mais avant de rentrer dans (3) _____

_____, la police les lui (4) _____

_____ pour qu'il puisse bouger. Il y

a beaucoup de monde à l'audience. Les journalistes (5) _____

_____ pour assister au (6) _____

_____ qui va être jugé le lendemain. Tout ce

(7) _____ commence à

inquiéter Meursault qui souffre beaucoup de la chaleur pendant son procès, bien que

tous (8) _____ aient

été tirés. Il fait tellement chaud que les gens se servent (9) _____

_____ pour se faire un peu d'air. Le juge reparle

de l'attitude de Meursault vis-à-vis de sa mère: tous les épisodes de l'enterrement sont

revus en détail.

5. Exercice à trous (2)

Trouvez les mots de vocabulaire qui manquent dans le texte
(utilisez chaque mot une seule fois, changez les conjugaisons et accords si nécessaire)

les témoins	*cour d'assises*	*avoir le trac*	*la salle de tribunal*
le procès	*une satire*	*le box*	*un intrus*

Meursault est jugé en (1) ____ _____

_____ pour le meurtre de l'Arabe. Avant d'entrer dans (2) _____

_____ des accusés, Meursault (3) _____

_____ parce qu'il y a beaucoup

de journalistes. Tout le monde le regarde, ce qui lui donne l'impression d'être (4)

_____ _____. Tous les gens

qui connaissent Meursault sont présents dans (5) _____

_____ parce qu'ils vont être (6) ____ _____

_____ de la défense. Camus utilise

(7) _____ _____ _____ de

Meursault pour faire (8) _____

__ _____ de la justice et des médias.

Compréhension

1. Vrai ou faux

	Dites si les déclarations suivantes sont vraies (V) ou fausses (F)		
1	Le Chapitre 3 est le récit du procès de Meursault.	V	F
2	Au début du chapitre, nous apprenons que Meursault a tué l'Arabe six mois auparavant.	V	F

3	Les journalistes sont là pour une affaire de parricide qui a eu lieu avant l'affaire de Meursault.	V	F
4	Le procès de Meursault devient un spectacle.	V	F
5	Raymond est le premier témoin appelé à témoigner.	V	F
6	Marie ne témoigne pas au procès de Meursault.	V	F
7	D'après Thomas Pérez, la mère de Meursault se plaignait de son fils et lui reprochait de l'avoir mise à l'asile.	V	F
8	Le juge qualifie Meursault de « monstre moral. »	V	F
9	Le juge et l'avocat général traitent l'affaire de Meursault avec impartialité.	V	F
10	On pose des questions à Marie sur le jour du meurtre à la plage.	V	F
11	Le juge demande à Meursault pourquoi il a tué l'Arabe.	V	F
12	Meursault confesse qu'il regrette son crime.	V	F
13	Pour Meursault, le motif du meurtre est le hasard.	V	F
14	À la fin du chapitre, le caractère de Meursault change: il s'aperçoit que les choses ne vont pas bien pour lui.	V	F
15	Ce chapitre sert à faire une satire de la justice et des médias.	V	F

Correction des réponses fausses (F)	

2. Le bon choix

Entourez la bonne réponse	
1	**La voiture cellulaire vient chercher Meursault pour l'emmener où?**
a	Dans une autre prison.
b	Dans le bureau du juge d'instruction.
c	Au palais de justice.

2	**Pendant que Meursault attend dans une petite pièce que son procès commence, que remarque-t-il dans le tribunal?**
a	Un grand remue-ménage.
b	Un grand silence.
c	Il ne remarque rien.
3	**Quelle sorte d'affaire sera jugée juste après le procès de Meursault?**
a	Un vol.
b	Un parricide.
c	Aucune, car il n'y a que le procès de Meursault ce jour-là.
4	**Combien de personnes sont appelées comme témoins de l'accusation?**
a	Trois.
b	Quatre.
c	Cinq.
5	**Combien de personnes sont appelées comme témoins de la défense?**
a	Trois.
b	Quatre.
c	Cinq.
6	**Quelle est la réaction de Meursault aux témoignages de l'accusation?**
a	Il se sent détesté par tous ces gens.
b	Il se sent aimé par tous ces gens.
c	Il n'a pas de réaction.
7	**Quel changement remarquez-vous dans le caractère de Meursault, après qu'il ait entendu les témoignages de la défense?**
a	Il pense qu'il ne sera pas condamné.
b	Il constate que les choses ne vont pas bien pour lui.
c	Le caractère de Meursault ne change pas.
8	**Quelle est la raison pour laquelle ce procès est absurde?**
a	Meursault est un homme absurde.
b	Meursault a tiré sur l'Arabe par hasard.
c	Personne ne parle du meurtre de l'Arabe.

3. Testez vos acquis

Répondez aux questions de compréhension	
A	**Que ressent Meursault en entrant dans la salle de tribunal?**	

B	Sur quoi porte l'interrogatoire de Meursault?	
C	Quel témoignage semble être le moins bon pour Meursault? Expliquez pourquoi.	
D	Comment se défend Meursault pendant son procès? Que pensez-vous de la manière dont il se défend?	

Discussion

1. Meursault entre dans le box des accusés. Citez les passages du texte qui décrivent la scène

Lire p 102, l 9 – p 104, l 3	
Quelle est l'atmosphère? A-t-on l'impression d'être dans une salle de tribunal?	
Que ressent Meursault?	

En quoi est-ce une satire des médias?	

2. Résumez les témoignages de l'accusation

Lire p 107, l 25 – p 110, l 8	
Le témoignage du directeur de l'asile	
La réaction de Meursault	
Le témoignage du concierge de l'asile	
La réaction de Meursault	
Le témoignage de Thomas Perez	

3. Résumez les témoignages de la défense

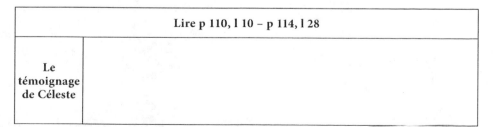

Lire p 110, l 10 – p 114, l 28	
Le témoignage de Céleste	

Le témoignage de Marie	
Le témoignage de Masson	
Le témoignage de Salamano	
Le témoignage de Raymond	
Que pensez-vous des arguments des témoignages de la défense?	

4. Discutez du procès de Meursault en répondant aux questions

Sur quoi est jugé Meursault?	

De quoi est-il accusé?	
Selon Meursault, pourquoi a-t-il commis son crime? **Que pensez-vous de son explication?**	
Quelle est la réaction de l'avocat de Meursault?	

Que pensez-vous de ce procès?

5. Questions supplémentaires

1	Dans la cour d'assise, Meursault remarque un journaliste qui le regarde fixement et sans expression: « J'ai eu l'impression bizarre d'être regardé par moi-même » (p 105, l 1). Expliquez ce commentaire de Meursault.
2	Pourquoi est-ce que le président, son avocat et le juge d'instruction posent des questions à Meursault au sujet de sa mère?
3	Dans sa plaidoirie, le procureur qualifie Meursault de « monstre moral »? Sur quels arguments base-t-il son jugement?

4	Pensez-vous que l'avocat de Meursault soit un bon avocat? Expliquez.
5	Imaginez ce que Meursault aurait pu dire pour se défendre face au juge et au procureur. Discutez des circonstances atténuantes et de la légitime défense.

À vos plumes

(1) L'AVOCAT DE MEURSAULT
(Individuellement ou en petits groupes) Imaginez que vous êtes l'avocat de Meursault et vous devez préparer sa défense. Écrivez quelques arguments en sa faveur, puis lisez votre plaidoirie à la classe. Certains sujets tels que les circonstances du meurtre, la chaleur, l'auto-défense peuvent être développés dans votre plaidoirie.
Votre plaidoirie (environ 150 mots)

(2) POUR OU CONTRE MEURSAULT
(La classe peut être divisée en deux ou plusieurs groupes pour discuter des arguments en faveur de Meursault et des arguments contre lui).

Écrivez une liste d'au moins six arguments pour discuter des sujets suivants:
- L'attitude de Meursault à l'égard de sa mère.
- Les activités de Meursault le lendemain de l'enterrement de sa mère.
- La relation de Meursault avec Raymond.
- Les circonstances du meurtre et son aspect prémédité.
- Si Meursault a agi en situation d'auto-défense.
- Si Meursault est un danger pour la société, ce que devrait être la sentence, etc.

Aidez-vous du vocabulaire ci-dessous pour présenter vos arguments	
Verbe	**Nom**
Affirmer que	La plaidoirie, le système judiciaire.
Agresser, attaquer	Un agresseur.
Commettre	Un acte criminel, un crime horrible/affreux/odieux.
Condamner	Une condamnation à mort.
(Se) défendre	L'auto-défense.
Élucider, éclaircir	Un homicide (in)volontaire.
Emprisonner, punir	Une incarcération, un emprisonnement, la prison à perpétuité.
Juger	Un châtiment, une punition.
Mériter	La peine capitale, la peine de mort.
Plaider innocent/coupable	Des circonstances atténuantes.
Poignarder	Un coup de couteau.
Préméditer	Un criminel, un malfaiteur, un crime prémédité.
Se sentir incompris	Le hasard, une maladie mentale.
Témoigner	Un témoin (de l'accusation / de la défense).
Tirer sur, tuer	Une arme à feu.

Écrivez trois arguments 'pour' et trois arguments 'contre' Meursault

Grammaire

1. Les mots interrogatifs

Imaginez un dialogue (questions / réponses) entre le juge d'instruction et Meursault, en utilisant les mots interrogatifs ci-dessous:	FF 190-95
Ex	- *Le juge: <u>Où</u> avez vu l'Arabe pour la première fois?* - *Meursault: Je l'ai vu sur une plage près du cabanon de Masson.*
1	- Le juge: **Pourquoi** - Meursault:
2	- Le juge: **Comment** - Meursault:
3	- Le juge: **Qu'est-ce que** - Meursault:
4	- Le juge: **Qui** - Meursault:
5	- Le juge: **Avec quoi** - Meursault:
6	- Le juge: **Combien de** - Meursault:
7	- Le juge: - Meursault:
8	- Le juge: - Meursault:

2. Les pronoms relatifs

Complétez le paragraphe en choisissant entre les pronoms relatifs (ce) que/qu', (ce) qui, dont, où	FF 151-57

Quand Meursault entre dans le palais de justice, les gendarmes lui ôtent les menottes _____ il porte aux poignets. Il remarque qu'il y a beaucoup de monde, comme dans un club _____ _____ les gens sont heureux de se rencontrer. L'affaire _____ tout le monde parle est le parricide _____ sera jugé après l'affaire de Meursault. Mais _____ intéresse vraiment Meursault, c'est de voir un procès. Le problème est qu'il est un homme _____ ne sait pas s'exprimer. Le juge ne comprend pas _____ dit Meursault quand il essaie d'expliquer le rôle _____ le soleil a joué le jour _____ il a tué l'Arabe.

3. Le subjonctif, l'indicatif ou l'infinitif

Conjuguez les verbes au présent du subjonctif, au présent de l'indicatif, ou à l'infinitif	FF 278

Il faut que Meursault _____ _____ (1. être) jugé puisqu'il a été arrêté. Bien qu'il _____ _____ (2. avoir) tué un homme, Meursault pense qu'il _____ _____ (3. être) innocent. Il ne regrette pas que cet homme _____ _____ _____ (4. être) mort. Meursault voudrait qu'il y _____ _____ (5. avoir) beaucoup de monde à son jugement. Il croit que ces gens _____ _____ (6. être) heureux de se retrouver. Meursault désire que son procès _____ (7. finir) vite. Avant de _____ (8. décider) du sort de Meursault, il faut que le juge _____ _____ (9. écouter) les témoins. Il faut que les témoins _____ (10. venir) parler à son sujet. Il ne semble pas que tous ces témoignages ____ _____ _____ (11. faire) une bonne impression sur le juge. Au contraire, le juge trouve que Meursault ne _____ (12. prendre) pas cette affaire au sérieux.

Chapitre 4

Fiche de lecture

Quand	
Titre possible	
Le résumé du chapitre	
Les événements importants du procès	
Les spécificités du procès	

	Pourquoi est-ce un procès absurde et irrationnel?
L'absurdité du procès	

Vocabulaire

1. Quelques révisions

Révisez le vocabulaire du chapitre à l'aide des synonymes ou des phrases	
Un accusé	Un inculpé, un prévenu présenté comme coupable d'un crime.
Convaincre	Démontrer, persuader, prouver, expliquer.
Coupable	Condamnable, fautif, punissable.
La guillotine[16]	Un instrument pour décapiter les condamnés à mort dont la tête est coupée par la chute d'un couperet.
La mort	Le décès, la disparition, l'extinction.
La peine capitale	C'est la peine de mort reçue par un individu reconnu coupable.
Une plaidoirie	Une action de défendre, une défense, une justification.
Un pourvoi	Une demande de révision, un recours, (faire appel).
La préméditation	Une décision prise à l'avance pour effectuer une action.
Une sentence	Une condamnation, un jugement, un verdict.
Se substituer (à)	Remplacer, prendre la place (de).
Une victime	1) Une personne qui subit un accident ou un préjudice. 2) Un bouc émissaire, un souffre-douleur.

---

[16] En France, l'usage de la guillotine est généralisé pour toute mise à mort à partir de 1791, pendant la Révolution française. L'abolition de la peine de mort en 1981 met fin à l'usage de la guillotine.

2. Le mot juste (1)

Retrouvez les mots du vocabulaire à partir des synonymes proposés ci-dessus		
Ex	*Une demande de révision, un recours*	*Un pourvoi*
1	Le décès, la disparition, l'extinction.	
2	Un inculpé, un prévenu présenté comme coupable d'un crime.	
3	Une condamnation, un jugement, un verdict.	
4	Condamnable, fautif, punissable.	

3. Les synonymes

Expliquez le vocabulaire en donnant des synonymes ou des phrases en français	
Acquiescer	
Convaincre	
Être indigne (de)	
Un gouffre	
Manipuler	
Mériter	
Préméditer	
Un prétexte	
Un sort	
Subventionner	

4. Le mot juste (2)

Retrouvez les mots du vocabulaire à partir des synonymes proposés ci-dessus		
Ex	*Préparer à l'avance, planifier*	*Préméditer*
1	Influencer, diriger à sa guise.	
2	Être d'accord, dire oui, accepter.	
3	Un faux argument, une supposition, un subterfuge, une excuse.	
4	Un trou profond, un précipice.	
5	Donner de l'argent, aider financièrement.	

Compréhension

1. Vrai ou faux

Dites si les déclarations suivantes sont vraies (V) ou fausses (F)			
1	L'avocat de Meursault plaide coupable.	V	F
2	Meursault peut donner librement son avis pendant le procès.	V	F
3	Le procureur veut démontrer que Meursault a prémédité son crime.	V	F
4	Le procureur dit que Meursault est un homme intelligent.	V	F
5	Meursault se sent étranger à son propre procès.	V	F
6	Meursault admet qu'il ne regrette jamais vraiment ses actes.	V	F
7	D'après le juge, Meursault n'a pas d'âme et son cœur est vide.	V	F
8	Meursault est accusé d'avoir tué moralement sa mère.	V	F
9	Le procureur accuse Meursault du parricide qui sera jugé le lendemain.	V	F
10	Meursault dit qu'il a tué l'Arabe à cause du soleil.	V	F
11	L'avocat de la défense se substitue à Meursault.	V	F
12	D'après Meursault, son avocat a beaucoup de talent.	V	F
13	L'avocat de la défense est persuadé que Meursault sera condamné.	V	F
14	Meursault est accusé de meurtre sans préméditation.	V	F
15	Meursault est condamné à mort.	V	F

Correction des réponses fausses (F)		

2. Le bon choix

Entourez la bonne réponse	
1	**Que plaide l'avocat de Meursault?**
a	Non coupable.
b	Coupable avec préméditation.
c	Coupable sans préméditation.
2	**Comment jugeriez-vous le degré d'intérêt de Meursault pour son propre procès?**
a	Il est de moins en moins intéressé.
b	Il est de plus en plus intéressé.
c	Son degré d'intérêt reste le même.
3	**Quelle est l'attitude de Meursault vis-à-vis de son crime?**
a	Il confesse et s'excuse.
b	Il regrette ce qu'il a fait.
c	Il n'exprime pas de regret.
4	**Quel est le sentiment de Meursault vis-à-vis de son procès?**
a	Il se sent impliqué dans la procédure.
b	Il a l'impression d'être écarté de son affaire.
c	Il est indifférent, tout lui est égal.

5	Qu'est-ce que Meursault répond quand le président lui demande s'il a quelque chose à rajouter pour sa défense?
a	Il ne répond rien.
b	Il dit qu'il a commis le crime à cause du soleil.
c	Il dit qu'il est innocent et qu'il ne devrait pas être condamné.
6	**De quoi Meursault est-il accusé?**
a	D'avoir tué un homme.
b	D'avoir tué moralement sa mère.
c	D'être un malade mental.
7	**Quelle est la sentence de Meursault?**
a	Il est condamné à la prison à vie.
b	Il est condamné à mort par décapitation.
c	Il est condamné à séjourner dans un asile de fou.

3. Testez vos acquis

Répondez aux questions de compréhension		
A	Pensez-vous que Meursault ait conscience de ce qu'il a fait? Expliquez pourquoi.	
B	D'après vous, pourquoi est-ce que le procureur dit que Meursault est un homme intelligent?	
C	Pourquoi peut-on penser que Meursault est un 'étranger' à son propre procès?	

D	Expliquez comment Camus arrive à faire une satire de la justice à travers le regard de Meursault.	

Discussion

1. Trouvez des exemples dans le texte qui montrent que Meursault est traité comme un étranger à son propre procès (p 104–121)

	Exemple
p 104, l 26 – p 105, l 2	*La 'mise en abyme'[17] de l'auteur:* lui-même journaliste de profession, Camus se met en scène à travers le personnage de Meursault qui, à son tour, voit à travers les yeux du jeune journaliste au procès: « J'ai eu l'impression bizarre d'être regardé par moi-même » (p 105, ll 1–2).
p 116 à p 121	
Vos conclusions	

---

[17] La 'mise en abyme' est un procédé artistique destiné à produire un effet de perspective en mettant un élément dans un autre élément similaire. C'est le principe des poupées russes emboîtées les unes dans les autres, ou de miroirs qui peuvent refléter une image à l'infini. Dans ce passage de *L'Étranger*, il s'agit d'un personnage qui représente un autre personnage, qui représente un autre personnage.

2. Le jugement: de quoi Meursault est-il accusé?

Pages	Trouvez les citations dans le texte
p 118	**De ne pas avoir exprimé de regrets:** **De ne pas avoir d'âme:** **De ne pas avoir de principes moraux:**
p 119	**D'avoir le cœur vide:** **D'avoir tué moralement sa mère:** **D'un parricide:**

3. Que pensez-vous des accusations du procureur quand il traite Meursault de « monstre moral »?

4. Expliquez comment Camus arrive à faire une satire de la justice à travers le regard de Meursault

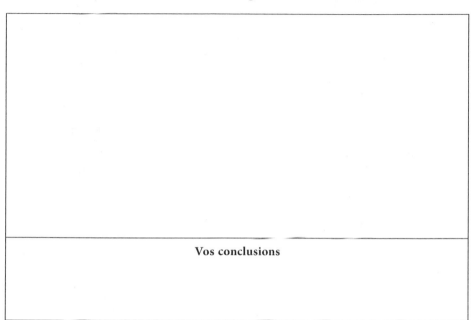

Vos conclusions

5. Questions supplémentaires

1	Expliquez ce commentaire de Meursault: « Sans doute, je ne pouvais pas m'empêcher de reconnaître qu'il avait raison. Je ne regrettais pas beaucoup mon acte [...]. Je n'avais jamais pu regretter vraiment quelque chose » (p 118, ll 16–21).
2	Est-ce que Meursault est ridicule d'insister sur le fait que c'est à cause du soleil qu'il a tiré sur l'Arabe? Pourquoi?
3	À votre avis, est-ce que le procès de Meursault est juste? Ou est-ce du théâtre? Pourquoi?
4	Meursault est condamné à avoir « la tête tranchée sur une place publique au nom du peuple français » (p 124, ll 22–23). Quelle est l'importance symbolique de cette condamnation dans le contexte historique des années 1920 en Algérie?
5	Imaginez ce que Meursault aurait pu dire pour se défendre lorsque le président lui demande s'il n'a rien à ajouter, après la lecture de son verdict. Mettez en avant les circonstances de la légitime défense.

À *vos plumes*

(1) VOUS ÊTES JOURNALISTE
(Individuellement ou en petits groupes)
Vous travaillez pour un journal. Après avoir assisté au procès de Meursault, vous écrivez un éditorial sur ce qui s'est passé. Lisez ensuite votre éditorial à la classe.
Les étudiants rédigent leurs articles en se basant sur les faits ci-dessous pour décrire ce qu'il s'est passé et les raisons à l'origine du meurtre, le jugement et la sentence, et donner leurs opinions personnelles sur l'affaire:
Les faits et la date: un meurtre sur la plage, le 17 juillet à midi. Le meurtrier: un employé de bureau dénommé Meursault. La méthode: cinq balles de revolver. La victime: un Arabe non identifié. Le motif: inconnu. Le lieu d'incarcération: la prison d'Alger. Le verdict: reconnu coupable de meurtre avec préméditation. La sentence et la méthode d'exécution: la peine de mort par décapitation.
Écrivez votre éditorial (100 mots minimum)

Les faits	
Les raisons du meurtre	
Votre opinion personnelle	

(2) AU TRIBUNAL

(Toute la classe met en scène le procès de Meursault)

<u>Les différents personnages</u>

1) Les témoins: L'asile: Le directeur, le concierge, Thomas Perez
                     Les voisins: Raymond et Salamano
                     Les femmes: La Mauresque, Marie
                     Les autres: Les deux policiers, Masson, Céleste
2) Meursault.
3) L'avocat de la défense (avocat de Meursault).
4) L'avocat de l'accusation (contre Meursault).
5) Le Président du tribunal, le juge, le procureur.
6) Le reste de la classe représente les jurés, les journalistes et l'audience.

Suggestions

1) Pendant la préparation de cette activité et la répétition des rôles, la classe peut être divisée en plusieurs groupes:

a. Les témoins de l'accusation et les témoins de la défense.
b. Meursault et son avocat.
c. Le Président du tribunal, le juge, le procureur et l'avocat de l'accusation.
d. Les jurés, les journalistes et l'audience.

2) La mise en scène peut être faite dans l'ordre de passage qui correspond à la liste des différents personnages ci-dessus.

3) La scène peut être jouée plusieurs fois, puis filmée et rediffusée devant la classe, et/ou envoyée individuellement aux étudiants. Ce petit film peut être ensuite réutilisé pour des besoins pédagogiques: les étudiants peuvent travailler sur leur accent, leurs jeux de rôle, etc.

Écrivez votre scène

(Le nombre de mots varie en fonction du personnage choisi)

Grammaire

1. Les pronoms d'objet direct, indirect, y, en

	Réécrivez les phrases en remplaçant les mots soulignés par un pronom d'objet direct (le, la, l', les), indirect (lui, leur), y, en	FF 137
Ex	*Meursault regarde le journaliste.* *Meursault **le** regarde.*	
1	Meursault a écouté les arguments du procureur.	
2	Meursault pense à la joie qu'il avait quand il était libre.	
3	Meursault parle aux gendarmes.	
4	Meursault veut retourner dans sa cellule.	
5	L'avocat de la défense ne parle pas du jour de l'enterrement.	
6	L'avocat levait les bras et le procureur tendait ses mains.	
7	Meursault a demandé son révolver à Raymond.	
8	Meursault s'est servi du révolver.	
9	Meursault n'a pas exprimé de regrets.	
10	Meursault entend la sentence prononcée par le tribunal.	

2. L'imparfait ou le conditionnel

Conjuguez les verbes à l'imparfait ou au conditionnel, en mettant à l'imparfait le verbe qui est dans la partie de la phrase qui commence par 'si,' et au conditionnel le verbe qui est dans l'autre partie de la phrase.

Ex	*Meursault ne **serait** (être) pas condamné à mort* *si Raymond n'**était** (être) pas son ami.*	FF 223-27 FF 250
1	Si Meursault _____ (pouvoir) réfléchir à ses actes, il _____ (agir) différemment.	
2	S'il ne _____ (faire) pas si chaud le jour où Meursault a tiré sur l'Arabe, Meursault ne _____ (être) pas en prison.	
3	Meursault _____ (échapper) peut-être à la peine de mort si son avocat _____ (être) plus intelligent.	
4	Le procès ne _____ (se transformer) pas en spectacle si le procureur et le juge ne _____ (faire) pas de si grands gestes.	
5	Meursault _____ (rester) en vie s'il _____ (comprendre) les règles élémentaires de la société.	
6	Les accusations du procureur _____ (avoir) plus de sens s'il ne _____ (manipuler) pas autant les jurés et le langage.	

3. Le présent ou le futur de l'indicatif

Conjuguez les verbes au présent ou au futur de l'indicatif, en mettant au présent le verbe qui est dans la partie de la phrase qui commence par 'si,' et au futur le verbe qui est dans l'autre partie de la phrase.

Ex	*Si le juge **comprend** (comprendre) Meursault,* *Meursault **pourra** (pouvoir) être acquitté.*	FF 250
1	Meursault _____ (pouvoir) se défendre s'il _____ (avoir) des arguments intéressants à donner pour justifier ses actes.	
2	Le juge _____ (entendre) la version de Meursault si son avocat le _____ (laisser) parler.	
3	Meursault ne _____ (être) pas exécuté s'il _____ (accepter) de mentir à la société.	
4	Les accusations du procureur _____ (avoir) plus de valeur si sa plaidoirie _____ (porter) sur le jour du meurtre.	
5	Si Meursault _____ (communiquer) bien avec son avocat, le verdict _____ (être) peut-être différent.	
6	Meursault _____ (pouvoir) réduire la longueur de sa peine s'il _____ (obtenir) un pourvoi.	

Chapitre 5

Fiche de lecture

Quand	
Titre possible	
Le résumé du chapitre	
Les spécificités du chapitre	**Expliquez en quoi le caractère de Meursault change dans ce dernier chapitre**
L'absurde dans ce chapitre	• **Comment Camus se sert-il de la visite de l'aumônier pour faire une satire de l'église?** • **Meursault prend-il conscience de l'absurdité de la vie?** • **Meursault se révolte-t-il à cette idée?** • **Meursault se libère-t-il moralement?**

Vocabulaire

1. Quelques révisions

Révisez le vocabulaire du chapitre à l'aide des synonymes ou des phrases	
Un assassin	Un criminel, un meurtrier, un tueur.
L'aube	L'aurore, le crépuscule, le lever du jour, tôt le matin.
Un aumônier	Un prêtre, un chapelain, un ecclésiastique, un curé.
Avoir tort	Se tromper, faire une erreur, mal juger.
Un couperet	Une large lame pour trancher, comme la lame de la guillotine.
Défectueux	Imparfait, déficient, imprécis.
Un échafaud	Une estrade sur laquelle se trouve la guillotine et en haut de laquelle on procédait aux exécutions par décapitation.
Être angoissé	Avoir peur, être très inquiet, être tourmenté.
S'évader	S'enfuir, s'échapper.
L'excipit	Ce sont les dernières phrases d'une œuvre littéraire.
Se mettre en colère	S'énerver, s'emporter, être en furie, se fâcher.
Un péché	Un terme religieux qui signifie une faute, une offense, un vice.
Un pourvoi	Une pétition, un recours porté en vue de faire annuler une décision rendue (faire appel).
Un sursis	Un délai (d'exécution), un renvoi (en appel), un report.

2. Le mot juste

Retrouvez les mots du vocabulaire à partir des synonymes proposés ci-dessus		
Ex	*Un délai (d'exécution), un renvoi (en appel)*	*Un sursis*
1	S'énerver, s'emporter, être en furie.	
2	S'enfuir, s'échapper.	
3	Un prêtre, un chapelain, un ecclésiastique.	
4	Un criminel, un meurtrier, un tueur.	

3. Les synonymes

Expliquez le vocabulaire en donnant des synonymes ou des phrases en français	
S'adosser (à)	
Agacé	
Être angoissé	
L'apaisement	
Arriver (à)	
Un compte-rendu	
Gracié	
Implacable	
Une lucarne	
Se recroqueviller	
Une soutane	

4. Exercice à trous

Trouvez les mots de vocabulaire qui manquent dans le texte
(utilisez chaque mot une seule fois, changez les conjugaisons et accords si nécessaire)

l'échafaud	*un pourvoi*	*d'apaisement*	*l'aumônier*	*se mettre en colère*
du couperet	*l'aube*	*s'évader*	*arriver à*	*défectueuse*

Meursault attend son exécution. Il est angoissé et il rêve de (1) _____

_____. Il (2) _____

calmer sa peur de la guillotine et de la mort. Chaque matin à (3) _____

_____, il attend que les gendarmes viennent le chercher pour

l'amener à (4) _____. Pour

éviter de penser à la lame (5) _____

qui n'est jamais (6) _____,

Meursault espère que son (7) _____

sera accepté. Un jour, il reçoit la visite de (8) _____

_____ qui lui parle de Dieu et du péché. Meursault (9) _____

_____ et insulte l'aumônier. Puis, Meursault est de nouveau

seul. Aux moments de révolte succède un moment (10) _____

_____ dans la page finale, quand Meursault repense à son passé.

Compréhension

1. Vrai ou faux

Dites si les déclarations suivantes sont vraies (V) ou fausses (F)		
1	Seul dans sa cellule, Meursault rêve d'une évasion miraculeuse.	V	F
2	Meursault regrette de ne pas savoir plus de choses sur les exécutions.	V	F
3	Meursault prend conscience qu'il ne pourra pas changer sa destinée.	V	F
4	Meursault n'a pas connu son père.	V	F
5	Le père de Meursault était content d'avoir pu assister à une exécution.	V	F
6	Meursault pense qu'un condamné peut parfois échapper au couperet de la guillotine.	V	F
7	Meursault n'a jamais vu de guillotine.	V	F
8	Meursault pense que la guillotine est un moyen noble de mourir.	V	F
9	Meursault connaît le jour exact de son exécution.	V	F
10	Meursault n'a pas peur de mourir.	V	F
11	Meursault considère chaque jour qui passe comme un sursis.	V	F
12	D'après Meursault, la vie ne vaut pas la peine d'être vécue parce qu'on doit tous mourir un jour, que ce soit à trente ou à soixante ans.	V	F
13	Meursault a peur de mourir, mais il parvient à rester calme grâce à ses réflexions.	V	F
14	Marie manque très souvent à Meursault et il est inquiet pour elle.	V	F
15	À la fin du roman, Meursault se révolte et proclame sa liberté de choix face à ses actions, face à Dieu et face aux hommes. Il devient ainsi un homme heureux et libre dans sa tête.	V	F

Correction des réponses fausses (F)	

2. Le bon choix

Entourez la bonne réponse	
1	**Comment est-ce que Meursault réagit quand il comprend que son exécution est inévitable?**
a	Il l'accepte en prenant conscience que la vie est absurde et qu'on doit tous mourir un jour.
b	Il devient déprimé.
c	Il devient fou et se suicide.
2	**Pendant longtemps, Meursault a cru que pour aller à la guillotine, il fallait...**
a	Avoir un sac sur la tête.
b	Avoir les cheveux courts.
c	Gravir des escaliers et monter sur un échafaud.
3	**Quelle est la date de l'exécution de Meursault?**
a	Dans une semaine.
b	Dans un mois.
c	On ne connaît pas la date de son exécution.
4	**Comment est-ce que l'aumônier se comporte quand il va voir Meursault?**
a	L'aumônier est intolérant et son message est vide de sens.
b	Il comprend et accepte les idées de Meursault.
c	L'aumônier prie avec Meursault.
5	**Que dit Meursault à l'aumônier au sujet de Dieu?**
a	Il accepte l'idée que Dieu existe.
b	Il continue à dire qu'il ne croit pas en Dieu.
c	Il ment et dit à l'aumônier qu'il croit en Dieu.
6	**Comment est-ce que Meursault réagit à la visite de l'aumônier?**
a	Il reste passif.
b	Il se met en colère et se révolte.
c	Il devient réceptif au message religieux de l'aumônier.
7	**Quelle est l'attitude de Meursault vis-à-vis de Marie?**
a	Il pense souvent à elle et elle lui manque beaucoup.
b	Il ne pense jamais à elle car il est préoccupé par sa condamnation.
c	Il pense parfois à elle, mais elle ne lui écrit plus depuis longtemps.
8	**Qu'est-ce que Meursault souhaite pour le jour de son exécution?**
a	Qu'il y ait beaucoup de spectateurs qui comprennent sa souffrance.
b	Qu'il y ait beaucoup de spectateurs et qu'ils l'accueillent avec des cris de haine.
c	Qu'il n'y ait personne.

3. Testez vos acquis

Répondez aux questions de compréhension		
A	Que pense Meursault de la guillotine?	
B	Comment Meursault réagit-il à la pensée du moment de son exécution?	
C	Comment Meursault parvient-il à calmer sa peur de la mort?	
D	Pourquoi Meursault pense-t-il à sa mère à la fin du roman?	

Discussion

1. Le jeu physique de l'aumônier

Lire p 132, l 18 – p 136, l 20
Retrouvez les trois tentatives de contacts physiques avec Meursault
Quel est le but de l'aumônier?
Trouvez les passages du texte où l'aumônier alterne des moments d'immobilité avec des gestes brusques
Quel est le but de l'aumônier?
Vos conclusions

2. Comment Camus se sert-il de la visite de l'aumônier pour faire une satire de l'église?

Trouvez des citations ou des exemples dans le roman p 132, l 18 – p 136, l 20	
L'intolérance de l'aumônier	
Le message de l'aumônier est vide de sens	
L'existentialisme athée	
Vos conclusions	

3. La guillotine

Trouvez les mots clés que Meursault utilise pour décrire la guillotine (p 125–129)
Qu'est-ce que Meursault reproche à la guillotine? (p 128, l 21–p 129, l 15)
Comment était la guillotine à l'époque de la Révolution française de 1789?
Comment est-elle en réalité vers 1920–40, à l'époque du roman?
Faites des petites recherches pour trouver si la guillotine existe toujours en France

4. L'excipit

Analysez et commentez les vingt dernières lignes du roman (p 138 ll 16–fin).[18]

D'après vous, pourquoi Meursault dit-il qu'à la fin de sa vie, sa mère « avait joué à recommencer », **et que lui aussi se sentait** « prêt à tout revivre ? » (p 138, ll 16–21).

[18] Pour une étude comparative de l'incipit et de l'excipit dans *L'Étranger* de Camus, voir l'article de Mingelgrün, "De l'incipit à l'excipit, une confrontation" (1995).

De quoi Meursault prend-il conscience quand il dit: « Comme si cette grande colère m'avait purgé du mal, vidé d'espoir […], je m'ouvrais pour la première fois à la tendre indifférence du monde. De l'éprouver si pareil à moi, si fraternel enfin, j'ai senti que j'avais été heureux, et que je l'étais encore » (p 138, ll 23–26).

Analysez et expliquez la dernière phrase du roman: « Pour que je me sente moins seul, il me restait à souhaiter qu'il y ait beaucoup de spectateurs le jour de mon exécution et qu'ils m'accueillent avec des cris de haine » (p 138, l 27 – fin).

Vos conclusions

5. Questions supplémentaires

1	Meursault parle de son père pour la première fois. À quel propos?
2	D'après vous, est-ce que Meursault regrette d'avoir tué un homme?
3	Trouvez deux ou trois indices qui annoncent ce qui va se passer à la fin du chapitre.
4	D'après vous, Meursault a-t-il changé à la fin du roman? Expliquez.
5	De quoi Meursault est-il accusé? Pensez-vous qu'il mérite sa condamnation? Justifiez votre point de vue.
6	Quelle est l'importance symbolique du meurtre d'un Arabe dans le contexte historique du roman, celui des années 1920–40 en Algérie?
7	Expliquez pourquoi Meursault pense que la vie est absurde (p 137, l 11).
8	Que veut dire Meursault quand il affirme: « Rien, rien n'avait d'importance et je savais bien pourquoi »? (p 137, ll 9–10)
9	Pourquoi Meursault affirme-t-il que nous sommes tous des « privilégiés? » (p 137, ll 19–21)
10	Quelle est l'opinion de Meursault sur la mort? (p 137) Analysez sa théorie et dites ce que vous en pensez.
11	Que pensez-vous de la peine capitale? Est-elle utile à votre avis? Pourquoi?

À vos plumes

(1) EN PRISON
(Individuellement ou en petits groupes)
Écrivez une lettre au Président de la République
Imaginez que vous êtes Meursault et que vous êtes condamné à mort. Depuis votre cellule en prison, vous écrivez une lettre d'environ 150 mots au Président de la République française pour lui demander un pourvoi dans le but d'être libéré.
Utilisez le vouvoiement et un vocabulaire très formel pour expliquer au Président de la République les raisons pour lesquelles vous pensez que vous devriez être gracié. Lisez ensuite votre lettre à la classe.

Votre lettre (environ 150 mots)

(2) DÉBAT	

La peine de mort

1) Divisez la classe en deux: une équipe 'pour' et une équipe 'contre' la peine de mort.
2) Chaque équipe écrit le plus d'arguments possibles 'pour' ou 'contre' la peine de mort.
3) Tour à tour, chaque équipe donne un argument. L'équipe qui a le dernier argument gagne.
4) Inversez les équipes et recommencez.

Pour	Contre

Grammaire

1. Les temps du passé: passé composé, imparfait, plus-que-parfait

Conjuguez les verbes au passé composé, à l'imparfait ou au plus-que-parfait	FF 232-38

À sept heures du matin, une voiture cellulaire _____ (1. venir) chercher Meursault pour le conduire au palais de justice. Deux gendarmes l(e) _____ (2. faire) entrer dans une petite pièce dans laquelle Meursault _____ (3. attendre). Derrière la porte, on _____ (4. entendre) des voix et des bruits de chaises. Un des gendarmes _____ (5. demander) à Meursault s'il _____ (6. avoir) le trac. Meursault _____ (7. répondre) que non, mais que cela l(e) _____ (8. intéresser) de voir un procès, parce qu'il n'en _____ (9. jamais voir) avant ce jour-là. Ensuite, les gendarmes lui _____ (10. enlever) les menottes et Meursault _____ (11. entrer) dans le box des accusés. La salle _____ (12. être) pleine de journalistes. Malgré les stores, le soleil _____ (13. s'infiltrer) par endroits, et l'air _____ (14. être) étouffant, parce qu'on _____ (15. laisser) les vitres fermées avant que le procès commence.

2. Les pronoms relatifs

Complétez le paragraphe en choisissant entre les pronoms relatifs (ce) que/qu', (ce) qui, dont, où	FF 151-57

L'Étranger est un livre _____ reflète le thème de l'absurde. _____ il faut comprendre, c'est que tout _____ était absurde intéressait les existentialistes. Albert Camus est un écrivain _____ a beaucoup réfléchi à cette question. Son roman *L'Étranger* reflète les choses _____ préoccupaient Camus. Meursault, le personnage _____ Camus se sert pour communiquer ses pensées, est un homme _____ ne sait pas s'exprimer. Le juge ne comprend pas _____ dit Meursault quand il essaie d'expliquer le rôle _____ le soleil a joué le jour _____ il a tué l'Arabe. Au procès, il est jugé coupable à cause des cigarettes _____ il a fumées et du café _____ il a bu pendant la veillée à Marengo. Cependant, ce ne sont pas ces actions _____ perturbent Meursault, mais plutôt l'idée de ne plus être un homme libre. En général, la mort est aussi une chose _____ les gens ont peur, mais Meursault y est assez indifférent. Pour faire passer le temps dans sa cellule, il pense à la plage _____ il allait le weekend. Maintenant, Meursault attend impatiemment la promenade quotidienne _____ il fait dans la cour de la prison.

3. Les pronoms d'objet direct, indirect, y, en

Répondez aux questions en remplaçant les mots soulignés par un pronom d'objet direct (le, la, les), indirect (lui, leur), y, en	FF 137
1	Est-ce que Meursault regrette <u>son crime</u> après avoir été arrêté? Non,
2	Est-ce que Meursault pense beaucoup <u>à son crime</u> quand il est dans sa cellule? Non,
3	Est-ce que Meursault prend conscience <u>de l'absurdité de la vie</u> à la fin du roman? Oui,

Conclusion

L'objectif de cette conclusion est de faire prendre conscience aux étudi-ants de l'évolution de leurs pensées et de leurs capacités de réflexion depuis le début de leur lecture de *L'Étranger*. Pour cela, les étudiants sont invités à comparer leurs réponses aux questions de discussion suivantes, avec les réponses qu'ils avaient apportées dans *Les activités de prélecture* et *Les activités au cours de la lecture* de l'Introduction. Les étudiants pourront ainsi juger par eux-mêmes de l'évolution de leur esprit critique et du dével-oppement de leurs capacités analytiques à l'issue de la lecture et de l'étude du roman.

I. Pour aller plus loin sur *L'Étranger*

Répondez aux questions ci-dessous autour du thème de 'l'étranger' dans le roman, puis comparez vos réponses à vos notes de l'activité 3 (Le titre *L'Étranger*) et de l'activité 4 (Le personnage de Meursault) dans *Les activités de prélecture* (p 10–11).

A. <u>Qui est l'étranger dans le roman?</u>

B. <u>En quoi Meursault est-il un étranger?</u>

2. L'indifférence du monde

Expliquez les concepts ci-dessous autour du thème de l'absurde dans le roman, puis comparez vos réponses à vos notes de l'activité 2 (Les grands thèmes de l'existentialisme) dans *Les Activités au cours de la lecture* (p 15–18).

A. L'absurdité de la vie

B. L'absurdité des relations humaines

C. L'absurdité des institutions

3. L'existence, la révolte et la liberté

Expliquez les déclarations ci-dessous sur des thèmes fondateurs de la philosophie de l'existentialisme dans le contexte de *L'Étranger,* puis comparez vos réponses avec celles de votre journal dans l'Activité 2 (Les grands thèmes de l'existentialisme) dans les *Activités au cours de la lecture* (p 23–25).

A. L'existence n'a pas de sens

B. Le roman est marqué par la mort

C. Meursault devient un homme révolté

D. Meursault a toujours le choix de ses actions

4. Questions supplémentaires

1	Quel est le personnage que vous préférez dans *L'Étranger*, et quel est le personnage que vous détestez le plus? Expliquez pourquoi.
2	Que pensez-vous de Meursault? Croyez-vous qu'il représente un danger pour la société? Il est un étranger pour qui et pourquoi?
3	D'après vous, Meursault a-t-il changé à la fin du livre? Expliquez.
4	Donnez des exemples précis pour montrer que Meursault est différent des autres.
5	Analysez et commentez un thème de votre choix dans le roman.
6	Analysez et commentez un passage de votre choix dans le roman.
7	Quels sont les personnages qui symbolisent la société dans laquelle vit Meursault, et quelles valeurs représentent ces personnages?
8	Discutez de l'influence du soleil dans la vie de Meursault. Qu'est-ce que le soleil symbolise dans le roman? Quel rôle joue-t-il sur le comportement de Meursault? Donnez des exemples précis.
9	On dit souvent que la vie d'un auteur est importante dans son œuvre. D'après vous, est-ce le cas pour Camus et *L'Étranger*? Pourquoi peut-on dire qu'il s'agit d'une littérature méditerranéenne?
10	On peut penser qu'une œuvre est le fruit de son époque. D'après vous, est-ce le cas pour *L'Étranger*? Expliquez en donnant quelques exemples.
11	Discutez du style littéraire de Camus dans *L'Étranger*. Que pensez-vous de ce style et comment l'expliquez-vous?
12	Trouvez des similitudes entre *L'Étranger* et *Le Mythe de Sisyphe*.
13	Est-ce que ce que vos réflexions au cours de la lecture de ce roman ont changé votre conception de la vie? Justifiez vos arguments en donnant des exemples précis.

Bibliographie sélective
avec suggestions

Boyer, Barbara. *French in a Flash: Grammar and Vocabulary Fundamentals.* Jefferson, NC: McFarland, 2018 (This grammar and vocabulary guide is used in *Explorons* L'Étranger *d'Albert Camus* as an optional reference to additional grammar lessons).

DE CAMUS

Carnet II (Janvier 1942–Mars 1951). Paris: Gallimard, 1962.

Essais. Paris: Gallimard, 1965.

L'Étranger. Prentice Hall. Edited by Germaine Brée. Upper Saddle River, New Jersey, 1955 (This is the American edition of the French text we are referring to in our study of *L'Étranger.* It is best suited for American students because it provides an interesting and synthesized easy-to-read introduction in English, numerous footnotes in English, as well as a French-English glossary at the end of the novel).

"Fragments d'un combat." *Cahiers Albert Camus 3.* Paris: Gallimard, 1978 (For a good starting-point on the situation of French Algeria of the 1930s and on the colonial issue).

Le Mythe de Sisyphe. Paris: Gallimard, Collection Folio, 1985.

La publication de L'Étranger. Paris: Éditions de l'Herne, 2013 (Provides excerpts from the correspondence about the manuscript and publication among Camus, Gallimard, Malraux and Pia).

SUR CAMUS

Fitch, Brian, and Hoy, Peter. *Calepins de bibliographie: Albert Camus I.* Paris: Lettres modernes, 1972 (For lists of French-language studies of Camus published up to 1970).

Grégoire, Vincent. "Une critique de l'humanisme par Saint Exupéry, Sartre et Camus." *Les Lettres Romanes*, vol. 56, no. 1–2, 2002, pp 115–25.

Kulkarni, Mangesh. "The Ambiguous Fate of a Pied-Noir: Albert Camus and Colonialism." *Economic and Political Weekly*, vol. 32, no. 26, Jun. 28–Jul. 4, 1997, pp 1528–30.

Lottman, Herbert. *Albert Camus, a Biography.* New York: Doubleday, 1979 (For abundant biographical information, interviews of Camus' close friends, and many details about the publication of *The Stranger*).

Tanase, Virgil. *Camus.* Paris: Gallimard/Folio Biographic, 2010 (For an insightful guide to Camus' political choices and theatrical work).

Todd, Olivier. *Albert Camus, une vie*. Gallimard, 1996 (For an interpretative biography with emphasis on Camus' romantic life and correspondence).

SUR LE TRAVAIL DE CAMUS

Ansel, Yves. Albert Camus totem et tabou (politique de la postérité). Rennes: Presses Universitaires de Rennes, 2012 (A literary criticism of the fictions of Camus including an analysis of the drafts and peritexts that led to the final version of *L'Étranger*).

Beebe, Maurice. "Criticism of Albert Camus: A Selected Checklist of Studies in English." *Modern Fiction Studies*, vol. 10, no. 3, Autumn 1964, pp 303–14.

Brée, Germaine. *Camus*. New Brunswick: Rutgers UP, 1959 (For a non-specialist as well as a specialist audience. Clearly written, this book offers sections on *The Stranger*, which are placed in the evolution of Camus' work).

_____. *Camus: A Collection of Critical Essays*. Englewood Cliffs, NJ: Prentice-Hall, 1962.

Champigny, Robert. *Sur un héros païen*. Paris: Gallimard, 1959.

Costes, Alain. *Albert Camus ou la parole manquante*. Paris: Payot, 1973 (The second part is on "Le Cycle de l'Absurde" and Chapter 3 is "De Meursault à Camus").

Cruickshank, John. *Albert Camus and the Literature of Revolt*. London: Oxford UP, 1959 (For a non-specialist as well as a specialist audience. Clearly written, this book offers sections on *The Stranger* which are placed in the evolution of Camus' work).

Ellison, David. *Understanding Albert Camus*. Columbia, South Carolina: University of South Carolina Press, 1990.

Fitch, Brian. "Le paradigme herméneutique chez Camus." Gainsville: University of Florida Press, 1980 (For a mainstream academic criticism on Camus' work).

Gassin, Jean. *L'Univers symbolique d'Albert Camus*. Paris: Minard, 1981 (For a psycho-analytical approach to the novel).

Grégoire, Vincent. *L'absence et le détail dans l'œuvre romanesque de Camus. Studies in French Literature*, vol. 71. The Edwin Mellen Press, 2003 (For an excellent study on what Camus seemed to have deliberately omitted in some of his most important novels. See especially "Part 1" on the role of the absent mother and the female erasure in relation to *L'Étranger*).

Grene, Marjorie. *Introduction to Existentialism*. Chicago: University of Chicago Press, 1976.

Grenier, Roger. *Albert Camus soleil et ombre: Une biographie intellectuelle*. Paris: Gallimard, 1991 (An excellent study of Camus and his work, with emphasis on Camus' influences and creative process).

O'Brien, Conor Cruise. *Albert Camus*. London: Fontana/Collins, 1970 (For a brilliantly argued critique of Camus' work. It especially expresses doubts on the way Camus handled the murder committed by Meursault).

Olson, Robert G. *Introduction to Existentialism*. Dover: Dover Publishers, Inc., 1962.

Quillot, Roger. *La Mer et les Prisons*. Paris: Gallimard, 1970 (For a Commentary on the Life, thought and work of Camus).

Roubiczek, Paul. *Existentialism, For and Against*. London: Cambridge UP, 1964.

Said, Edward. "Camus and the French Imperial Experience." *Culture and Imperialism*. London: Vintage, pp 248–68 (This seminal study on the pernicious presence of imperialism is a major reference in literature. This passage in Chapter 2 explains the French colonial presence in Algeria during Camus' time).

Stumpf, Samuel Enoch. *Socrates to Sartre: A History of Philosophy*. New York: McGraw-Hill Book Co., 1966.

Thody, Philip. *Camus*. London: Hamish Hamilton, 1958 (For a non-specialist as well as a specialist audience. Clearly written, this book offers sections on *The Stranger*, which are placed in the evolution of Camus' work).

Ullmann, Stephen. "The two styles of Camus." *The Image in the Modern French Novel*. Cambridge: Cambridge U.P., 1960: pp 236–99 (For the language used in Chapters 1 and 6 in Part 1 of *L'Étranger*).

Waldo, Frank. "Life in the Face of Absurdity." *New Republic*, vol. CXXXIII, no. 12, Sept. 19, 1955, pp 18–20.

Winn, Ralph B. *A Concise Dictionary of Existentialism*. New York: Philosophical Library, 1960.

SUR L'ÉTRANGER

Achour, Christiane. *L'étranger si familier (Lecture du récit d'Albert Camus)*. Alger: A.P., 1984 (For a reading of the novel from an Algerian perspective).

Adamson, Robin. "The colour vocabulary in *L'Étranger*." *Association for Literature and Linguistics Computer (ALLC) Bulletin*, vol. 7, no. 3, 1979, pp 221–37 (For a computer-based study of the colors in the novel).

Banks, G.V. *Camus' L'Étranger*. London: Edward Arnold, 1976 (For the general reader: a guide to the novel written in clear, simple language).

Barrier, M.-G. *L'Art du récit dans L'Étranger*. Paris: Nizet, 1962 (For an important analysis of the language, structure and narrative techniques of the novel. Excellent study of the way Meursault tells his story).

Barthes, Roland. "*L'Étranger*, roman solaire." *Les critiques de notre temps et Camus*. Edited by Jacqueline Lévi-Valensi. Paris: Garnier Frères, 1970.

Bloom, Harnold. *Albert Camus's* The Stranger. Philadelphia: Chelsea House, 2001.

Bloom, Ryan. "Lost in Translation: What the First Line of *The Stranger* Should Be." *The New Yorker*, May 11, 2012. https://www.newyorker.com/books/page-turner/lost-in-translation-what-the-first-line-of-the-stranger-should-be.

Boyer, Barbara. "Pedagogical Strategies for a Colonial Approach to Francophone Literature: The Case Study of *The Stranger* by Albert Camus." *Institute of Language and Communication Studies*, vol. 18, June 2012, pp 2743–50 (This colonial approach to teaching *L'Étranger* in the L2 classroom provides pedagogical strategies to connect the literary text to the linguistic system).

Brée, Germaine. "The Genesis of *The Stranger*." *Shenandoah*, vol. 12, no. 3, Spring 1961, pp 3–10.

Britton, Celia. "How Does Meursault Get Arrested?" *French Studies Bulletin*, vol. 31, 2010, pp 1–3.

Carruth, Hayden. *After* The Stranger: *Imaginary Dialogues with Camus*. New York: The Macmillan Co., 1965.

Castex, Pierre-Georges. *Albert Camus et L'Étranger*. Paris: Broché, 1989 (For an extended genesis of the novel).

Champigny, Robert. *Sur un héros païen*. Collection *Les Essais* (no 93). Paris: Gallimard, 1960.

Dennis, Mary L. The Stranger *by Albert Camus*. Bulverde, TX: Novel Units, Inc., 2004 (For a guide to teach *The Stranger* in English, grade 9–12).

Dutton, K. R. *Camus' L'Étranger: From Text to Criticism*. Sydney, Australia: Macquarie University, 1976 (For a guide to teach *The Stranger* in English, written in clear, simple language).

Eisenzweig, Uri. *Les Jeux de l'écriture dans L'Étranger de Camus*. Paris: Lettres modernes, 1983 (For students of literary criticism, this book draws on Jacques Derrida's thought to analyze the various kinds of language in the novel).

Fitch, Brian. *L'Étranger d'Albert Camus: un texte, ses lecteurs, leurs lectures*. Paris: Librairie Larousse, 1972 (A good methodological and thematical study of the novel, and a comprehensive list of books and articles on the novel).

_____. *Narrateur et narration dans* L'Étranger *d'Albert Camus*. Paris: Minard, 1968 (For an analysis of the language, structure and narrative techniques of the novel. An excellent study of the way Meursault tells his story).

Francev, Peter. *Albert Camus's* The Stranger: *Critical Essays*. Newcastle: Cambridge Scholars Publishing, 2004.

Gershman, Herbert S. "On *L'Étranger*." *French Review*, vol. XXIX, no. 4, Feb. 1956, pp 299–305.

Girard, René. "Camus' *Stranger* Retried." *PMLA*, vol. 79, no. 5, December 1964, pp 519–33 (For interpretations on the troubling aspects of the novel).

Grégoire, Vincent. "Étude de deux meurtres absurdes et de leur réécriture, dans *L'Étranger* de Camus et *Les Mains sales* de Sartre." *Les Lettres Romanes*, vol. 54, no. 3–4, 2000, pp 265–276.

_____. "Les femmes et Meursault dans *L'Étranger*." *The Romantic Review*, vol. 90, no. 1, 1999, pp 45–71.

_____. "Lorsque la fin justifie les moyens dans *L'Étranger*." *Albert Camus aujourd'hui: de L'Étranger au Premier homme*, vol. 201. New York: Peter Lang, 2012: pp 85–96.

_____. "Meursault 'est condamné parce qu'il ne joue pas le jeu': réflexion sur la pertinence d'un propos de Camus." *Les Lettres Romanes*, vol. 52, no. 3–4, 1998, pp 299–305.

_____. "Meursault ou le 'mythe de la victime' démystifiée par l'histoire." *French Literature Series*, Vol. 32, 2005, pp 177–186.

_____. "Pour une explication du passage sur l'amabilité des Arabes en prison dans *L'Étranger*." *Romance Notes*, vol. 34, no. 3, Spring 1994, pp 223–31 (A good examination of the reactions of the Arabs who share the cell with Meursault when he is first put in jail).

_____. "Pour une réinterprétation du titre *L'Étranger*." *Französish Heute: Informationsblätter für Französischlehrerinnen und -lehrer in Schule und Hochschule*, vol 2, 1997, pp 153–6.

Harlow, Barbara. "The Maghrib and *The Stranger*." *Journal of Comparative Poetics*, no. 3, Spring 1983, pp 38–55.

Kaplan, Alice. *Looking for* The Stranger: *Albert Camus and the Life of a Literary Classic*. Chicago: University of Chicago Press, 2016 (For a brilliant biography of *The Stranger*, a story of the novel and the coming-to-life of its plot, in connection to the life of its creator. From her reading of Camus' notebooks, Kaplan recreates the genealogy of the novel, traces its fate through the years, and the evolution of Camus' thought from "the Absurd" to "revolt").

Kelly, Kevin. *Albert Camus'* The Stranger. New Jersey: Research & Education Association, 1996 (For a great study that weaves together the history/biography of the novel with Camus' life).

King, Adele. *Notes on* L'Étranger. London: Longman, York Press, 1980 (For the general reader: a guide to the novel written in clear, simple language).

McCarthy, Patrick. *Camus:* The Stranger (*A Student Guide*). Cambridge: Cambridge UP, 2004 (For excellent bibliographical references to the novel).

Mingelgrün, Albert. "De l'incipit à l'explicit, une confrontation." *La Revue des Lettres Modernes*, "Série Albert Camus" no. 16, 1995, pp 85–90 (For a comparative study of the first and last paragraphs of *L'Étranger*).

Planeille, Franck. *L'Étranger d'Albert Camus, Etude du texte*. Paris: Poche, 2003 (For an explanation and interpretation of Camus and *L'Étranger* in the historical and sociological context of the time. This small book is a good reference for high school and university students).

Rey, Pierre-Louis. *L'Étranger d'Albert Camus: Profil d'une œuvre. Profil Littérature*, No. 13. Paris: Hatier, 1991 (For a great summary and critical analysis of the main themes.

This small book helps grasp the meaning of the novel, its context and main characters. A reference book for French students preparing their baccalaureate exams).

Sartre, Jean-Paul. "Explication de *L'Étranger*." *Situations (I)*. Paris: Gallimard, 1947, pp 1–7 (The most famous critical study of the novel. A must read!).

Scherr, Arthur. *Verisimilitude in the Conclusion of Albert Camus's* L'Étranger. *Orbis Litterarum*, vol. 65, Issue 6, Dec. 2010, pp 516–26.

Showalter, English, Jr. The Stranger, *Humanity and the Absurd*. Boston: Twayne Publishers, 1989.

Viggiani, Carl A. "Camus' *L'Étranger*." *PMLA*, vol. 71, no. 5, Dec. 1956, pp 865–87 (For a suggestive interpretation of the novel's ending).

Wilhite, Delano. *The Stranger/The Plague*. Villa Maria, PA: The Center for Learning, 1999.

ADAPTATIONS DE L'ÉTRANGER

Daoud, Kamel. *Meursault, contre-enquête*. Alger: Éditions Barzakh, 2013 (In this spin-off version of *L'Étranger*, the crime is presented from the perspective of the brother of the Arab killed by Meursault seventy years earlier. The English title is *The Meursault Investigation*).

L'Étranger *d'Albert Camus*: Bande dessinée. Illustrations de Jacques Ferrandez. Paris: Gallimard, 2013 (A comic-book version of *L'Étranger* in French).

Klise, Thomas. *Albert Camus*. Filmstrip and sound cassette. New York, NY: Thomas S. Klise Co., 2008.

Nowell Smith, Geoffrey. *Luchino Visconti*. New York: Viking Press, 1973 (For a critical literature about the movie).

Smith, Robert. "Killing an Arab." Standing on a Beach. Recorded by The Cure. Elektra Records: 1986 (A song inspired by *The Stranger*).

Lo Straniero: Adaptation cinématographique du roman *L'Etranger*. Dirigé par Luchino Visconti, avec Marcello Mastroianni (Meursault) et Anna Karina (Marie), 1967. The complete movie *The Stranger* (Straniero, Lo 1967) is available in English on the Internet in 11 parts: http://www.youtube.com/watch?v=Ok_DIXTyLVk.